中等职业教育课程改革创新教材
中等职业教育旅游服务类专业规划教材

# 餐饮服务技能实训

第2版

主　编　毛慎琦

副主编　魏　庆

参　编　韦　薇　张卫娟　毕志峰
曾玉祥　童　霞　潘立岿
魏秀丽

机 械 工 业 出 版 社

本书以中级餐厅服务员技能考核要求为指导，分析了餐厅服务员工作所需的知识、能力、技能、态度等知识点，在对大量旅游企业进行调研的基础上，将餐厅服务技能分解成五个既相互联系又自成体系的项目，任务明确，操作性强。在实际教学中，可根据需要对各项目进行拆装、组合。

本书还配有案例、习题和视频光盘等辅助教学资料，有很强的直观性和可操作性，可引导学生进行探究式学习，以加强对学生动手、动口、动脑能力的培养。

本书内容通俗易懂、贴近实际、实用性强，版面活泼、图文并茂，可作为中等职业学校旅游服务类专业的教材或企业培训教材。

**图书在版编目（CIP）数据**

餐饮服务技能实训 / 毛慎琦主编．—2 版．—北京：机械工业出版社，2012.10（2017.7 重印）

中等职业教育课程改革创新教材．中等职业教育旅游服务类专业规划教材

ISBN 978-7-111-39729-8

Ⅰ．①餐… Ⅱ．①毛… Ⅲ．①饮食业—商业服务—中等专业学校—教材 Ⅳ．①F719.3

中国版本图书馆 CIP 数据核字（2012）第 215157 号

机械工业出版社（北京市百万庄大街 22 号　邮政编码 100037）
策划编辑：聂志磊　　责任编辑：聂志磊
封面设计：陈　沛　　责任印制：李　洋
北京振兴源印务有限公司印刷
2017 年 7 月第 2 版 · 第 4 次印刷
184mm×260mm · 8.25 印张 · 199 千字
3001—4000 册
标准书号：ISBN 978-7-111-39729-8
　　　　　ISBN 978-7-89433-643-9（光盘）
定价：28.00 元（含 1CD）

凡购本书，如有缺页、倒页、脱页，由本社发行部调换

| 电话服务 | 网络服务 |
| --- | --- |
| 服务咨询热线：010-88379833 | 机 工 官 网：www.cmpbook.com |
| 读者购书热线：010-88379649 | 机 工 官 博：weibo.com/cmp1952 |
| | 教育服务网：www.cmpedu.com |
| **封面无防伪标均为盗版** | 金 书 网：www.golden-book.com |

# 第 2 版前言

《餐饮服务技能实训》第 1 版自面世以来，因其较好地体现了当前旅游服务类专业职业教学改革的精神，在兼顾了相关专业基础知识的同时，把重心放在了技能训练上，以培养能胜任旅游服务与管理、酒店服务与管理的中等专业技能型人才为根本出发点，受到相关专业广大师生的好评和喜爱。为了使该书更加完善，适应不断变化的酒店服务业发展需求，同时也为了能够跟进时代的步伐，不辜负读者的厚爱，经过广泛、深入的调研，我们在第 1 版的基础上进行了修订。

我们保留了原书的框架体系和主要特色，教材主要从以下方面进行修订：

1．调整了部分操作程序，使操作更加贴近现实，指导更加细致、规范。

2．删除了原书中一些表现形式、拍摄角度不到位的图片，更换了清晰度更好、更合适的图片，增强了直观性和美观度。

3．补充了一些相关知识。

4．对原书中部分比较陈旧的案例和习题进行了替换，以适应新形势。

教材在修订过程中不仅查阅了大量的相关资料，而且得到了大量一线教师和餐饮企业家的帮助，在此一并向这些教师和专家们表示衷心的感谢。

为方便教学，凡选用本书作为教材的教师，均可登录机械工业出版社教材服务网（http://www.cmpedu.com）免费下载电子资源包（包括助教课件及习题答案）。

由于编者水平有限，书中难免存在问题和不足，敬请广大读者批评指正。

编　者

# 第1版前言

为响应教育部大力发展中职教育的号召，推进职业教育改革，本着“以学生为中心，以技能为本位，以行业需求为导向”这一原则，我们组织编写了《餐饮服务技能实训》一书。本书在编写过程中力求体现当前旅游职业教学改革的精神，不但考虑到相关的专业基础知识，而且把重心更多地放在了技能训练上，以培养能胜任旅游服务与管理、饭店服务与管理的中等专业技能性人才为根本出发点。

本书在编写过程中力求体现以下特色：

1）兼顾教材的系统性，科学系统地阐述了餐厅基本技能的原理和相关知识。

2）考虑专业需求，突出技能实训。

3）注重教材的先进性，提倡“动中学、学中动”。

4）强调理论联系实际，加强实践能力的培养。

本书的编写宗旨是以客人为中心，以服务流程为导向。本书结合中级餐厅服务员技能考核要求，采用技能训练模块教学方式，从餐饮服务工作的实际需要出发，设计 5 个技能训练模块，突出餐饮服务人员的综合素质与技能的培养，体现了较强的实用性和可操作性，可作为中等职业学校旅游专业的教材或相关企业的培训教材。

本书由浙江安吉职业教育中心学校高级教师毛慎琦任主编，浙江湖州华楼宾馆餐厅部经理魏庆任副主编。参加本书编写的教师有：江苏扬州职业高级中学童霞、潘立岿、曾玉祥（绪论），山东青岛外事服务职业学校张卫娟（技能训练模块一），北京密云县职业学校韦薇（技能训练模块二），河北经济管理学校毕志峰（技能训练模块三），北京密云县职业技术学校魏秀丽（技能训练模块四），浙江安吉职业教育中心学校毛慎琦（技能训练模块五）。本书在编写过程中得到了浙江省湖州市湖州华楼宾馆、湖州大厦、雅客西餐咖啡湖州店的大力支持和协助，在此一并表示感谢。

由于编者水平有限，书中难免存在疏漏之处，敬请广大读者批评指正。

编　者

# 目　　录

第 2 版前言

第 1 版前言

绪论　餐饮服务人员的基本素质 ........ 1

项目一　托盘训练 ........ 25

　任务　托盘技法训练 ........ 26

项目二　餐巾折花训练 ........ 37

　任务一　餐巾折花的基本技法训练 ........ 38

　任务二　餐巾花的折叠训练 ........ 46

项目三　摆台训练 ........ 57

　任务一　中餐摆台训练 ........ 58

　任务二　西餐摆台训练 ........ 66

项目四　斟酒训练 ........ 77

　任务　斟酒技法训练 ........ 78

项目五　中餐上菜与分菜训练 ........ 93

　任务一　中餐上菜 ........ 94

　任务二　中餐分菜 ........ 99

附录 ........ 108

　附录 A　餐巾盘花图谱 14 种 ........ 108

　附录 B　餐巾杯花图谱 20 种 ........ 115

参考文献 ........ 125

# 绪论　餐饮服务人员的基本素质

## 学习目标

通过对本部分知识的学习，使学生能够熟悉餐饮服务人员应具备的基本素质；掌握各项基本素质中的要点；能够熟悉、掌握餐饮服务人员应该具备的相关菜肴、餐厅卫生、餐厅安全等服务知识；了解相关知识中所包含的要点，并能够在模拟训练中加以练习，增加在实际工作中的主动性和全面性，最终在实际工作中能够灵活运用，提高客人的满意率和餐厅的经济效益及社会声誉。

### ➢ 引入案例

小张是某星级饭店的一名餐厅实习生。有一次，她正在餐厅实习，看到邻桌的服务员将一盘菜递给两位客人，其中一位客人皱了皱眉头，拿起筷子却没吃，只是不停地观望着邻桌的一盘菜。她马上问那位客人："先生，您是否喜欢那盘菜？"客人忙答："是啊，是啊。"客人已点了菜，既不愿吃已点的这一种，又不好意思提出换一种，小张看出了他的矛盾心理，觉得客人的要求应该尽量满足，便主动为客人换了菜。当她给客人端上那盘客人想要的菜时，客人立即站起来，翘起大拇指说："谢谢，你的服务太棒了！"

那么，你知道在本案例中，实习生小张体现了服务人员的哪些基本素质吗？

## 理论知识

### 一、良好的服务意识

#### 1. 具有良好的职业道德

职业道德是人们在长期的职业活动中逐渐形成的具有自身职业特征的道德准则和行为规范。餐饮服务人员由于工作性质，其职业道德也具有一定的特殊性，归纳起来主要有以下几个方面的内容：

1）服务理念——满腔热情、以人为本。

2）职业修养——钻研业务、苦练技能。

3）经营作风——诚信无欺、真实公道。

4）优良品质——廉洁奉公、谦恭自律。

5）行为准则——文明礼貌、不卑不亢。

6）高尚风格——团结协作、顾全大局。

2．树立优良的服务观念

（1）树立“以人为本”的服务理念：餐饮服务人员在服务过程中应注意礼貌、热情，并给予客人充分的关注。以真诚的态度、周到的服务来满足客人的需要，从而达到以客人为中心的目的。

（2）时刻准备提供高效率的服务：餐饮服务讲究迅速而高效，这就要求事前做好计划安排，事中能够提供选择性服务，事后要保证后续服务。

（3）与客人建立良好的人际关系：餐饮服务人员在服务过程中，应该同客人建立良好的关系，让客人觉得他的需要能被理解，并能够在接受服务中得以实现，使客人感觉在饭店服务中得到了充分的尊重。

（4）确定客人的需要：简要总结客人所说的话，使客人的要求充分得到满足。

（5）树立“优质服务”的理念：全心全意地提供令客人满意的服务，最终必须落实到服务态度和服务质量上，做到优质服务。只有饭店员工能够做到“热情友好、客人至上”，为客人提供满意的服务，才能为饭店赢得良好的声誉，树立良好的形象。

（6）优质的服务态度：服务态度是指餐饮服务人员在对客人服务过程中体现出来的主观意向和心理状态，其好坏直接影响到客人的心理感受。服务态度取决于员工的主动性、创造性、积极性、责任感和综合素质的高低。其具体要求是主动、热情、耐心、周到。

**餐厅工作中如何体现良好的服务态度？**

微笑、问好，最好能重复客人的名字。

主动接近客人，但要保持适当距离。

含蓄、冷静，在任何情况下都不急躁。

遇到客人投诉时，最好是请其填写“客人意见书”。如果事实证明是餐厅的问题，应立即向客人道歉并改正。

遇到客人提出无理要求或是客人错误时，只需向客人解释明白，不要求客人认错，坚持体现“客人总是对的”。

了解各国各阶层人士的不同心理特征，提供针对性服务。

在服务时间、方式上处处方便客人，并在细节上下工夫，让客人感受周到服务。

3．保持严格的组织纪律观念

餐饮服务人员必须具有强烈的组织纪律观念。这也是使整个餐厅服务保持流畅通顺、优质高效的重要保证，更是现代餐饮服务人员高素质的具体体现。

1）遵守国家法纪，严守国家机密。

2）严格遵守餐厅各项规章制度。

3）服从领导，听从指挥。

4）工作时必须佩戴工号牌。

5）在所有客人活动的场所和厨房内严禁吸烟，工作时不许喝酒，不许嚼口香糖等。

6）工作时间不得擅离岗位。

7）不得探听客人的谈话，尊重客人的隐私权。

8）不得借工作之便与客人拉拢私人关系而谋取私利。

9）交班时应将未完成的工作和特别事项交待清楚。

10）下班时如无接班人员到岗，不得擅自离岗。

## 二、扎实的文化知识

餐饮服务人员要具有良好的文化素养和广博的社会知识，这是做好服务工作的需要，也是现代化饭店软件建设的关键，具体内容包括以下几大类：

（1）服务基础知识：主要有饭店服务英语知识、服务礼貌礼节、服务人员职业道德、饭店员工守则、外事服务纪律、餐饮制度等。

（2）餐饮专业知识：主要有餐饮人员岗位职责、餐饮服务与管理、餐饮设备的使用与保养、餐饮收银技巧、饮食营养与卫生、服务技巧与沟通、餐饮服务心理等。

（3）其他相关知识：主要有宗教知识、货币知识、美术与音乐知识、文学知识、菜品知识、法律知识、旅游地理知识、民风与习俗、旅游资源及交通情况、安全知识等。

由于餐厅服务员推销菜肴时需要对菜品知识作细致了解，下面将重点介绍菜品知识、食品营养知识和安全知识。

### 1．菜品知识

菜品是手工食品的统称，包括菜、点、羹、汤等，习惯称为菜肴或菜点。菜肴是餐厅经营的主要产品之一。按照惯例，菜肴又分为中式菜肴和西式菜肴。

（1）中式菜肴：

1）中式菜肴的分类。中式菜肴又称为中国菜，中国菜可分为地方菜、宫廷菜、官府菜、素菜和少数民族菜等。其中，地方菜是中国菜的主要组成部分，它以当地出产的质地优良的烹饪原料为主，采用本地区独特的烹调方法，制作出具有浓厚地方风味的菜肴。地方菜主要有粤菜、川菜、鲁菜和淮扬菜等。表 0-1 是地方菜各流派的风味构成、菜肴特点和代表菜品。图 0-1 所示是地方菜各流派的主要代表名菜。

表　0-1

| 地方风味 | 风味构成 | 菜肴特点 | 代表菜品 |
|---|---|---|---|
| 鲁菜 | 济南、胶东、济宁风味 | 调味较重，纯正浓醇，少有复杂的合成滋味，一菜一味，竭力体现原料的本味，精于制汤，注重用汤，善用葱香 | 葱烧海参、清汤燕菜、油爆双脆、九转大肠、糖醋黄河鲤鱼等 |
| 粤菜 | 广州菜、潮州菜、东江菜、港式菜 | 选料广博奇异，品种花样繁多，用量精而细，配料多而巧，注重质和味，口味比较清淡，力求清中求鲜、淡中求美 | 烤乳猪、东江盐焗鸡、龙虎斗、红烧大裙翅、大良炒鲜奶等 |
| 川菜 | 成都、重庆、乐山、自贡风味 | 味型多样，辣椒、胡椒、花椒、豆瓣酱等是主要调味品。不同的配比，形成了麻辣、酸辣、椒麻、麻酱、蒜泥、芥末、红油、糖醋、鱼香、怪味等各种味型，具有“一菜一格”、“百菜百味”的特殊风味 | 鱼香肉丝、干烧桂鱼、怪味鸡、宫保鸡丁、麻婆豆腐、毛肚火锅、干煸牛肉丝等 |
| 苏菜 | 淮扬、金陵、苏锡、徐海风味 | 选料严谨，因材施艺，制作精细，追求本味，清鲜平和，讲究刀工，菜品形态精致，滋味醇和，善用火候，重视调汤，原汁原味，风味清新，浓而不腻，淡而不薄 | 清炖蟹粉狮子头、松鼠桂鱼、大煮干丝、三套鸭、水晶肴肉等 |

葱烧海参

烤乳猪

鱼香肉丝

清炖蟹粉狮子头

图 0-1

2）中国菜肴的特点。

① 原料丰富，菜品繁多。我国丰富的物产资源为中式菜肴提供了坚实的物质基础。常用的中式烹饪原材料丰富多彩，时令原料品种众多，稀有原料奇异珍贵，因此中国菜品繁多，既有高中档原料制成的名菜名点，也有经济方便的大众便餐和乡土气息浓郁的民间菜式等。

② 选料严谨，因材施艺。中国菜对菜品原料的产地、季节、部位、营养选择十分讲究，往往能根据原料各自的特点，采用不同的烹饪技法，做到物尽其用。

③ 刀工精湛，善于调味。中餐一般用筷子取食，原料刀加工都需要在厨房里完成，因此中国烹饪的刀法有数十种之多，使菜肴千姿百态，栩栩如生。中国菜调味用料广泛、方法细腻，讲究“一菜一味，百菜百味”。有时注重突出原料的本味，使菜肴口味变化无穷。

据粗略统计，我国现有菜品60000余种，其中，菜有50000余种（含名菜5000余种，历史名菜1000余种），点心10000余种（含名点1000余种，历史名点200余种）。这些菜来自多种渠道，是在不同背景中孕育而来的。

④ 盛器考究，艺术性强。美食和美器的完美结合使中国菜更显雅致、完美和强烈的民族风格。精湛的刀工、独特的形态、和谐的色彩、美妙的菜名等使中国菜给人以文化熏陶和艺术享受。

⑤ 讲究营养，注重保健。中国菜注重配菜，强调营养平衡。中国人讲究“医食同源”、“药补不如食补”，很多烹饪原料也是中药材，如山药。可以通过饮食达到养生保健的目的。

3）中式烹饪的烹调方法。烹调方法是指把经过初步加工和切制成形的烹饪原料，综合运用加热、调制等手段制成不同风味菜肴的方法。在实际运用中，烹调方法还包括只调制不加热的方法，如生拌、生炝、生腌等，以及只加热、不调制的方法，如煮（饭）、蒸（馒头）、烤（红薯）等。表 0-2 是中式烹饪常用的烹调方法及特点。图 0-2 所示是几例经炖、烤、

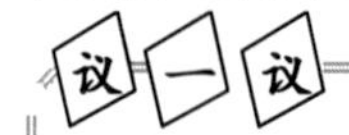


本地区有哪些名菜？分析它们的历史状况、菜肴特点、服务要求等。

扒、拔等烹调方法烹制的菜肴。

表　0-2

| 烹调方法 | 基本特点 | 菜品特点 |
|---|---|---|
| 炒 | 用旺火速成烹调方法。其速度快，原料形状小，易成熟，营养成分流失少 | 滑、嫩、脆、鲜 |
| 炸 | 一种用大油量成熟、菜肴无汁的烹调方法，炸的菜肴需事先腌制、挂糊或拍粉并直接下锅炸 | 香、酥、脆、嫩、软 |
| 爆 | 用旺火热油、原料无骨并经刀工成形的烹调方法。常用于猪肉、牛肉、羊肉、鸡肉、鱿鱼和墨鱼等原料，可以分为酱爆、葱爆、油爆和汤爆等 | 脆嫩、软嫩、汁芡紧抱、味型各异 |
| 烹 | 把经油炸透的原料，再烹以适量的调味汁沾匀的烹调方法。从用油的多少可分为炸烹和煎烹两种 | 酥香、软嫩、爽口不腻、略带汁液 |
| 蒸 | 以水蒸气的热量使食物原料成熟的烹调方法，也可作为保温的方法 | 菜肴富含水分，质感软烂或软嫩，形态完整，原汁原味 |
| 溜 | 先以炸、蒸和煮的方法使原料成熟，再以熟汁烹之的一种综合性的烹调方法。溜一般分为滑溜、软溜和脆溜三种 | 酥脆或软嫩，味型多样 |
| 烩 | 将原料在汤中勾芡的一种烹调方法，即生料中的荤性原料都要拌味上浆，用温油滑透，素性原料用开水氽透，熟料则直接下锅烩制即可 | 汤料各半，汤汁微稠，口味鲜浓，质感软嫩或脆嫩 |
| 煮 | 一种将原料放在汤汁、水中长时间加热导致成熟的烹调方法，有直接煮制菜肴和煮汤两种 | 菜汤合一，汤汁鲜醇，质感软嫩 |
| 烧 | 原料经过煮或过油初加工，再加汤、调料用大火烧开、小火烧烂使菜肴入味的烹调方法。烧法有红烧、白烧和扒烧等 | 味型多样，质感软嫩 |
| 炖 | 将原料经过生熟加工后，用大火将水或汤烧开，再以小火烧烂的烹调方法。炖分为直接炖和间接炖两种 | 汤菜合一，原汤原味，滋味醇厚，质感软烂 |
| 烤 | 利用火或电的热量辐射，使菜肴直接成熟的烹调方法，有明炉烤、挂炉烤、烤箱烤和微波炉烤等 | 色泽金黄，表皮酥脆，香味独特 |
| 扒 | 扒分为红扒和白扒，是指将加工成形（一般应为片状）的原料加调料腌渍后，放在扒炉上加热至规定的成熟度的一种烹调方法。扒的菜肴一般都要经过烧、蒸等方法烹制成熟后再进行扒制 | 质地酥烂，原汁原味 |
| 拔丝 | 把经过炸的食物原料放入炒制过的糖内均匀沾裹，并使之能拉出细丝的烹调方法。拔丝是制作甜菜的一种烹调方法 | 色泽晶莹金黄或浅棕，外脆里嫩，香甜可口 |

炖类菜肴

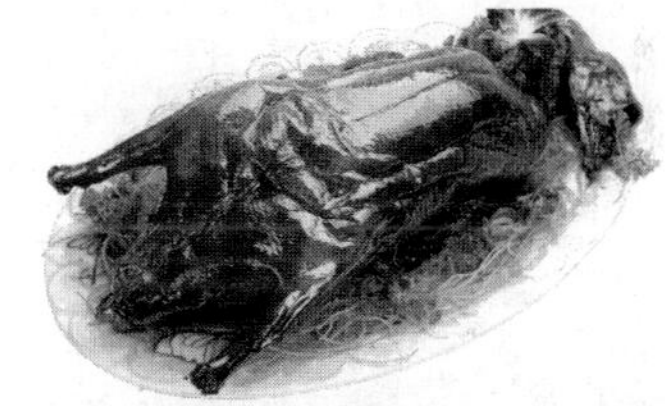
烤类菜肴

扒类菜肴

拔丝类菜肴

图　0-2

（2）西式菜肴：根据西方国家饮食习惯烹制出的菜点。西餐是对欧美各国菜点的统称，其中以法式、俄式、意大利式、英式、美式菜肴的烹调最为著名。

1）西餐简介。在西餐烹饪史中，有文字记载和实物佐证的西餐烹饪最早出现在古埃及，在公元前 2000 年埃及的城市遗址中就发现有厨房和餐厅。罗马帝国受到古埃及文化和古希腊文化的熏陶，使其烹饪技术和厨师的社会地位得到提高，同时也使西餐菜肴制作得到发展。法国人把具有传统色彩的法国烹饪与意大利烹饪有机地融合，法国烹饪从此不断发展，17 世纪末已闻名于世，因此西餐菜肴和服务尤以法式为代表。新大陆的发现和英国的殖民扩张等因素使西餐在全球范围发展，是近代西餐烹饪发展的重要特征。到了 19 世纪以后，欧洲各国的菜肴特色和饮食风格已经基本形成。

2）西餐在我国的发展状况。西餐传入中国是在 1840 年鸦片战争之后，各帝国主义国家蜂拥而入，西方各国家菜点也开始传入中国，并形成一个新型行业。真正发展是在改革开放之后，随着我国旅游事业的日益兴旺，许多新建的高级旅游饭店引进了国外先进的管理经验、设备技术，还聘用一定数量的外国厨师。同时我国也派厨师出国学习交流，在短短 30 多年，我国的西餐有了全面发展。

3）欧美主要国家的菜式特点。表 0-3 是欧美主要国家的菜式特点，图 0-3 所示是几例欧美菜式的代表菜品。

表 0-3

| 欧美主要国家的菜式 | 菜式特点 | 主要代表菜品 |
|---|---|---|
| 法式菜 | 选料广泛，注重调味，用料新鲜，讲究搭配。法国菜特别注重沙司的制作。法国菜大都以地名、人名、物名来命名 | “里昂土豆”、“巴黎煎鱼”、鹅肝酱、法式洋葱汤、巴黎龙虾、法式蜗牛等 |
| 俄式菜 | 口味偏咸、偏辣、偏酸、偏甜，口味重、油腻大，常见的调料有奶渣、奶皮、酸奶油、酸马奶、酸黄瓜、柠檬、白醋、辣椒、黄油、小茴香和香叶等。俄式高档宴请少不了鱼子酱 | 黄油鸡卷、罗宋汤、莫斯科蔬菜色拉、乌克兰羊肉饭、哈萨克手抓羊肉等 |
| 意大利菜 | 原汁原味、香醇味浓，烹调方法以红烩、红焖和炒较多。意大利人爱吃甜酸味，不爱油腻，不食动物内脏、肥肉和奇形怪状的动物及软体动物。用米、面做菜是意大利餐饮的一大特色 | 意大利馄饨、米兰猪排、意大利通心粉、罗马魔鬼鸡、佛罗伦萨烤牛排、比萨等 |
| 英式菜 | 选料多样，注重水产、海鲜及蔬菜。烹调讲究鲜嫩，口味少油清淡，菜量少而质精。调料很少用酒、香料及其他调味酱，喜欢用各种蔬菜代替所缺乏的食品 | 英式苹果沙拉、奶油蘑菇沙拉、英式煎猪肝、英式焖鸡、英式烤羊腿等 |
| 美式菜 | 讲究营养搭配，清淡不腻，要求量少而精，咸中带甜、略微酸甜，爱用水果做菜是美国菜的独到之处。讲究铁扒和色拉类菜肴的制作 | 橙味烤野鸭、美式什锦铁扒、丁香火腿、华盛顿奶油汤 |

法式洋葱汤

鹅肝酱

黄油鸡卷

罗宋汤

意大利通心粉

比萨

图 0-3

（3）菜肴的服务：在服务过程中要做好导餐服务，即引导客人的餐饮消费。这对于初次来用餐的客人是一个非常重要的服务环节。它能起到方便客人、刺激消费、提高服务质量的作用。其服务程序：

1）服务前的准备。要掌握就餐客人的数量、身份、国籍、民族及宗教信仰，了解宴席标准、菜肴的风味特色、菜单上安排的菜点内容、开餐时间、客人对就餐时间的要求以及客人的饮食禁忌与特殊要求；熟悉导餐服务的环境，餐厅装饰的特色、餐厅的历史、名人光顾史与厨师的技术水平；服务员应衣着整齐、清洁规范，礼仪周到。

2）服务步骤，如图 0-4 所示。

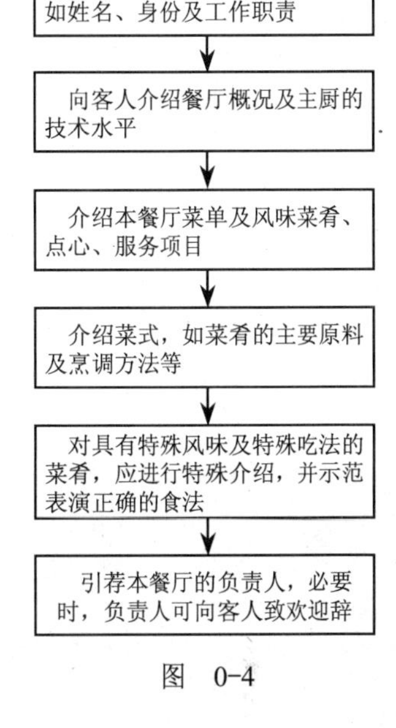

图　0-4

3）服务方式。

① 引导客人充分理解菜单结构的合理性，菜肴搭配的巧妙性，口味的多样性。

② 以介绍店史为题，向客人介绍饮食文化的悠久历史。

③ 以菜肴的典故为题，引导客人对菜肴产生新的兴趣。

4）充分发挥语言的艺术性，使客人从中体会到服务的热情及中华民族好客的风范。

**2．食品营养知识**

营养是人体不断从外界摄取食物，经过消化、吸收、代谢和利用食物中身体需要的物质（养分或养料）来维持生命活动的全过程，它是一种全面的生理过程，而不是专指某一种养分。

**讨　论**

掌握一定的菜肴知识在餐饮服务中有什么作用？

（1）营养素：食物中的养分科学上称为营养素。它们是维持生命的物质基础，没有这些营养素，生命便无法维持。人体需要的营养素有 40 多种，归纳起来分六大类，即蛋白质、脂类、碳水化合物、无机盐、维生素和水。近年来发现膳食纤维也是维持人体健康必不可少的物质，可算是第七类营养素（也有人把膳食纤维归为碳水化合物）。

1）无机盐，主要指人体必需的矿物元素，通常又分为两类，即常量元素（含量占人体体重 0.01%以上）和微量元素（含量占人体体重的 0.01%以下）。常量元素指钙、镁、钾、钠、磷、氯、硫 7 种，微量元素指铁、碘、铜、锌、钴、锰、钼、硒、铬、镍、锡、硅、氟、钒等。

2）维生素分为水溶性和脂溶性两大类。脂溶性维生素主要有：维生素 A（视黄醇），维生素 D（钙化醇），维生素 E（生育醇），维生素 K（凝血维生素）等。水溶性维生素主要有：维生素 $B_1$（硫胺素），维生素 $B_2$（核黄素），维生素 PP（烟酸），维生素 $B_6$（吡哆醇），泛酸（维生素 $B_3$），生物素（维生素 H），叶酸、维生素 $B_{12}$（钴胺素、氰钴胺），维生素 C（抗坏血酸）等。

（2）营养素的功能：营养素在体内的功能各不相同，概括起来可分以下为三个方面：

1）供给能量以满足人体生理活动和体力活动对能量的需要。

2）作为建筑和修补身体组织的材料。

3）在体内物质代谢中起调节作用。

表 0-4 是人体所需的部分营养素来源及功能。

表 0-4

| 营 养 素 | 主要食物来源 | 主 要 功 能 |
|---|---|---|
| 蛋白质 | 谷类、豆类、肉类、奶类、蛋类、薯类 | 形成身体结构的主要成分，是所有生命活动过程的催化剂，调节体内水分平衡，促进伤口愈合 |
| 碳水化合物 | 谷类、豆类、薯类、根茎类、蜂蜜、蔬菜、水果 | 供给热能，构成机体组织的主要成分，帮助脂肪氧化和节省蛋白质，保护肝脏和解毒。膳食纤维能降低血浆中的胆固醇，改善血糖生成反应，改善大肠功能 |
| 脂类 | 植物性原料（菜籽、花生、大豆、芝麻、玉米、棉籽、核桃和其他果仁以及麦胚、米糠等），动物性原料（猪油、牛油、羊油、鱼油、奶油、蛋黄油、和禽类油等） | 贮存和供给热能，构成身体组织，维持身体组织，维持体温，保护脏器，促进脂溶性维生素的吸收，供给必需脂肪酸 |
| β-胡萝卜素 | 南瓜、马铃薯、菠菜、胡萝卜等 | 为脂溶性抗氧化剂，是胡萝卜素家族中的一员，在体内可根据需要被转化为维生素A |
| 维生素A | 各种动物的肝脏，鱼肝油、鱼卵、全奶、奶油、禽蛋类等 | 维持正常的视觉功能，维护上皮组织的健康，增强抗病能力，促进生长发育 |
| 维生素C | 芦笋、针叶樱桃、青椒、甘蓝、柑橘类水果 | 为结缔组织、骨骼、牙齿形成所必需，是伤口愈合和牙龈健康的重要条件，协助脂肪的分解，促进铁的吸收，是重要的抗氧化剂 |
| 维生素D | 蛋、鱼、肝、奶 | 促进正常骨骼、牙齿的形成，刺激钙和磷的吸收，为钙、磷代谢过程所必需 |
| 维生素E | 小麦胚芽、坚果、植物油、虾 | 为脂溶性抗氧化剂，可保护身体细胞、维生素A、不饱和脂肪酸，协助维持正常红细胞 |
| 维生素$B_1$ | 向日葵籽、小麦胚芽、啤酒酵母、西瓜、豌豆、芦笋；谷类、豆类、硬果类；猪肉、心肝肾 | 协助碳水化合物的代谢，能量的生成，维持正常的神经功能 |
| 维生素$B_2$ | 牛奶、蘑菇、菠菜、肝、椰菜、甜菜、杏仁、牛肝、牛排、奶酪 | 协助食物中能量的产生，协助红细胞的产生，参与各种代谢过程 |
| 尼克酸 | 蘑菇、鸡、鲑鱼、牛肝、花生、金枪鱼、麦麸、芦笋、虾、烤马铃薯 | 协助碳水化合物、脂肪、蛋白质中能量的释放（参与血糖控制） |
| 维生素$B_6$ | 广泛存在于各种食物，如肉类、鱼类、禽类、豆类、全谷类食物以及蔬果中 | 协助食物中能量的释放，参与脂肪的代谢，参与红细胞、激素的合成，是蛋白质、神经系统、免疫系统功能正常发挥的基础 |
| 维生素$B_{12}$ | 肉类、鱼类、禽类、贝类、奶、蛋、奶酪 | 是正常生长的必需物质，参与红细胞的生成，是碳水化合物、脂肪、某些蛋白质代谢过程中所必需的，协助维持正常的神经系统，是DNA合成所必需 |
| 叶酸 | 新鲜食物如菠菜、芦笋、芜菁、欧芹、啤酒酵母、利马豆、豌豆、椰菜、橙、哈密瓜、莴苣 | 叶酸和维生素$B_{12}$的作用相似，育龄妇女充足的叶酸摄入量可以降低胎儿神经管畸形（如脊柱裂、无脑儿等）的发生，另有实验显示叶酸对心脏有保护作用 |
| 生物素 | 广泛存在于食物中，人类极少缺乏 | 参与碳水化合物的代谢，参与脂肪、蛋白质的合成 |
| 钙 | 奶、奶制品、全小鱼、豆腐、深绿色蔬菜、豆类、杏仁 | 形成坚固的骨骼和牙齿，刺激伤后血液的凝固，是正常神经肌肉活动之所需 |
| 磷 | 肉类、禽类、鱼类、蛋类、奶和奶制品、全谷类 | 与钙协同形成骨骼和牙齿，调节食物中能量的释放，是人体遗传物质DNA的构成成分，是人体能量直接来源ATP的构成成分 |
| 镁 | 坚果、豆类、全谷类、深绿色蔬菜、海产品 | 正常神经肌肉（含心肌）活动之所需，参与能量（ATP）代谢和DNA的合成 |
| 铁 | 肉类、鱼类、豆类、贝类、蛋类、干果 | 血红蛋白（血液中氧气的运输者）的基本成分，参与能量代谢。缺铁性贫血是世界性的健康问题，常见于儿童、青少年、孕妇、老年人 |
| 锌 | 牡蛎、肉类、鱼类、禽类、全谷类 | 正常成长之所需，参与蛋白质的消化、合成，参与伤口愈合、骨骼健康、DNA的合成，调节免疫功能，是体内一种重要的抗氧化酶的成分 |
| 碘 | 海产品，如贝类、鱼类、海洋植物 | 甲状腺素的成分，调节生长、发育和能量代谢 |
| 铜 | 牡蛎、内脏、巧克力、坚果、谷类、干果、禽类、贝类 | 参与铁代谢、神经系统功能、骨骼健康的调节和蛋白质的合成能，是一种抗氧化酶的成分，参与皮肤、头发、眼睛等部位色素的形成 |
| 锰 | 全谷类、坚果、茶叶 | 骨骼、结缔组织正常成长之所需，是脂肪酸合成酶的成分，参与碳水化合物的代谢 |

（3）合理的营养搭配：营养的核心是“合理”，就是“吃什么”、“吃多少”、“怎么吃”。合理营养是一个综合性概念，它既要求通过膳食调配提供满足人体生理需要的能量和多种营养素，又要改变合理的膳食制度和烹调方法，以利于各种营养物质的消化吸收和利用。此外，还应避免膳食构成的比例失调，某些营养素摄入过多，以及在烹调过程中营养素的损失或有害物质的形成，因为这些都可能影响身体健康。

要想做到合理的膳食营养，应从以下三个方面入手：

1）合理的膳食调配。没有一种食物能提供给我们身体所需要的全部营养物质，关键在于调配多种不同的食物，组成合理膳食以提供机体所需的多种营养素。膳食制度是指把一天的食物定质、定量、定时地分配食用的制度。在一天内的不同时间，人体所需要的能量和营养素的数量不完全相同，人的生理状况也不同，因此，针对人们的不同生活、工作及学习情况，拟订出适合各自生理需要的膳食制度是极为重要的。

2）合理的膳食制度。确定膳食制度要注意以下几个方面：

① 用膳时间应和生活、工作、学习时间相配合。

② 进餐间隔时间不宜过长，也不宜太短，因一般混合性膳食胃排空时间为 4～5h，因此三餐间隔以 4～5h 为宜。大多数人一天的主要活动在上午，因而要特别注意吃早餐，不吃早餐会降低工作、学习效率，还会损害身体健康。

③ 全天多餐食物分配，通常早餐摄入的能量应占全天总能量的 25%～30%，午餐占 40%，晚餐占 30%～35%。

**一日三餐应该怎样安排呢？**

一顿质量好的早餐，可以供给人体和大脑需要的能量和营养素，使人精力充沛，思维活跃，工作和学习效率提高，记忆力增强，不吃早餐或吃得太少使人没有精神，思维迟钝，记忆力下降，甚至会产生低血糖，所以应该重视早餐。早餐的内容应包括谷类（馒头、面包、小点心等）、肉蛋类（一个鸡蛋或少量熟肉、肠等）、一杯牛奶（约 200ml）、水果或蔬菜（一些小青菜、泡菜或纯果汁）。有人喜欢喝粥，粥的营养成分较低，主要是碳水化合物。豆浆的营养成分不如牛奶，其蛋白质、维生素含量均低于牛奶，特别是钙的含量更不如牛奶，所以最好搭配着吃，至于炸油饼、油条虽是人们所好，但只宜少吃，多吃对身体不利。

午餐是一天之中的正餐，这段时间人们的工作、学习等各种活动很多，且从午餐到晚餐要相隔 5～6h，甚至更长，所以要供给充足的能量和营养素，谷类、肉类、蔬菜要搭配好。午餐的内容应包括谷类（主食），要粗、细粮搭配，肉类（鱼、禽、肉、蛋），青菜（红、黄、绿色菜搭配），豆腐或豆制品。下午如加餐，可吃水果及酸奶。

晚餐不宜吃得过多，因晚餐后一般活动较少，吃得太多宜造成肥胖，且吃得过多会影响睡眠。晚餐内容宜清淡些，少吃肥甘厚味，可吃低脂肪、低能量的食物，如多些蔬菜水果，适量的谷类、豆类及肉类。

3）合理的烹调方式。食物的烹调加工是使食物美味，可口，易于消化及对食物进行消毒，但在食物加工的过程中有些营养素会有不同程度的损失，应尽量减少，如蒸米饭时尽量减少淘米次数，不要用力搓洗，不要丢弃米汤。油炸面食会破坏面粉中的维生素，应尽量少吃。蔬菜最好

**讨　论**

1）列举一道日常菜，进行简单的营养分析。

2）如何将营养知识落实到平时的餐饮服务工作中去？

先洗后切，急火快炒，不要先焯了再炒，煮菜汤时应在水开后下菜，煮的时间不可太长。

## 知识链接

膳食指南是依据营养素标准而制定的，具有科学性，是一般健康人群营养计划的基础。《中国居民膳食指南》的内容有 8 条：

（1）食物多样、谷物为主：每日膳食必须由多种多样的食物适当搭配，以满足人体对多种营养素的需要。谷类食物是我国传统膳食的主体，是人体能量的主要来源，还可以提供碳水化合物、蛋白质、膳食纤维及 B 族维生素等。应该注意粗细粮搭配。

（2）多吃蔬菜、水果和薯类：蔬菜、水果和薯类都含有较丰富的维生素、矿物质及膳食纤维等营养素，对保护心血管健康、增强抗病力和预防某些癌症有重要作用。

（3）常吃奶类、豆类或其制品：奶类含钙量高，是钙和优质蛋白质的重要来源。我国居民普遍缺钙，与膳食中奶类少有关，经常吃奶类可以提高儿童、青少年的骨密度，减缓老年人骨质丢失。豆类营养丰富，含优质蛋白、不饱和脂肪酸、钙及 B 族维生素等多种营养物质，既可改善膳食营养素供给，又可避免吃肉类过多的不利影响。

（4）经常吃适量鱼、禽、蛋、瘦肉，少吃肥肉和荤油：鱼、禽、蛋及瘦肉是优质蛋白、脂溶性维生素和某些矿物质的重要来源，膳食中应包含且适量。我国部分城市和绝大多数农村吃动物性食物量不够，应适当增加摄入量。但部分大城市居民吃肉类太多，对健康也不利，应适当减少，特别是猪肉、荤油。

（5）食量与体力活动要平衡，保持适宜体重：控制进食量与体力活动是控制体重的两个主要因素，食量过多，活动量不足会导致肥胖，反之则会消瘦，二者都是不健康的表现，因此应保持进食量与能量消耗之间的平衡，使体重维持在适宜的范围内。

（6）吃清淡少盐的膳食：食品不应太油腻、太咸，少吃油炸、烟熏食物。每人每日食盐用量以不超过 6g 为宜。少吃咸菜、味精等含钠的食物。吃盐多会增加高血压的危险。

（7）如饮酒应限量：白酒除具有能量外，不含其他营养素。过量饮酒会使食欲下降，发生多种营养素缺乏，还会伤害肝脏，增加高血压、中风等危险。若要饮酒，可饮少量低度酒。

（8）吃清洁、卫生、不变质的食物：应选择外观好、符合卫生要求的食物，进餐要注意卫生条件，包括环境、餐具和制作者的健康状况。

以上指南适用于健康成人及两岁以上儿童，在此基础上，对婴儿、学龄前儿童、学龄儿童、青少年、孕妇、乳母、老年人几个特定人群还有“不同人群的膳食指南”。

## & 资料卡

### 平衡膳食宝塔

膳食宝塔提出了日常营养上比较理想的膳食模式。平衡膳食宝塔共分五层，宝塔各层位置和面积不同，这在一定程度上反映出各类食物在每天膳食中的地位和应占的比重。宝塔没有建议食糖的摄入量，因为我国居民现在平均吃食糖的量还不多，少吃些或适当多吃些可能对健康的影响不大，但多吃糖有增加龋齿的危险，尤其是儿童、青少年不应吃太多的糖和含糖食品，如图 0-5 所示。

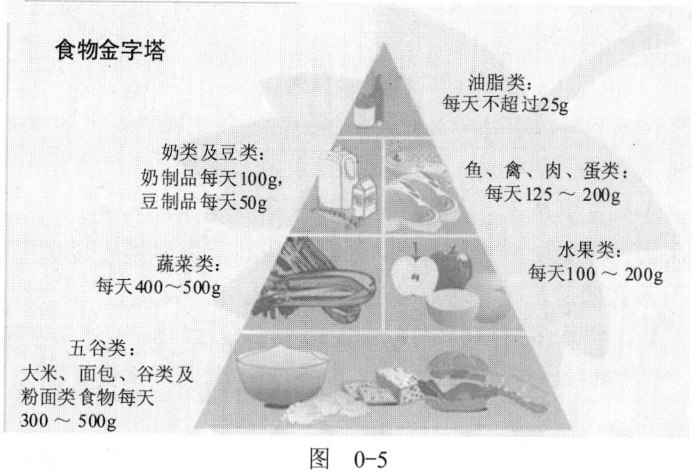


图　0-5

**3．安全知识**

餐厅安全管理是指为避免任何有害于餐厅、客人及员工的事故发生所采取的必要的防范措施。安全管理的目的是指在意外事故未发生前，餐厅运用一些制度与管理方法预防意外事故的发生，以确保餐厅的财产安全及客人与员工的人身安全。因此，从管理者到每一位员工，都必须认识其重要意义，并承担维护安全的义务。一般来说，餐厅安全管理工作包括防火、常见意外事故的处理等。

（1）防火：火灾是一个在餐厅经营中不可忽视的问题。造成火灾的主要原因有：电器失火、烹调起火、烟头起火、煤气泄漏、管道起火以及其他人为因素造成的火灾等。火灾所带来的后果是严重的，轻则损失财产，重则危害员工及客人的生命，所以说，防火于未燃是非常重要的。餐厅经营者应高度重视防火措施，管理者和员工自觉遵守安全操作规程，提高防火安全意识，火灾是可以预防和避免的。

**灭火方法**

物质燃烧必须具备三个条件：可燃物质、助燃物质、火源，如果缺少其中一项，就可使火熄灭。人们根据物质燃烧的基本原则和多年的灭火实践经验，总结出以下几种基本灭火方法：

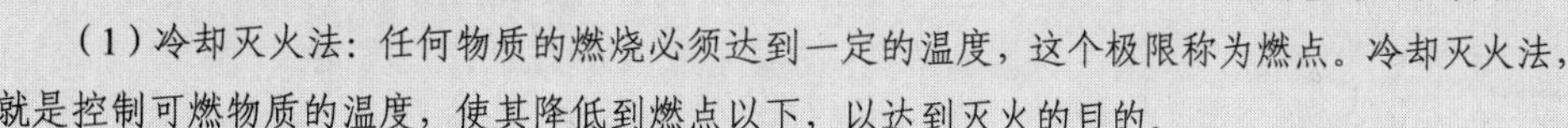

（1）冷却灭火法：任何物质的燃烧必须达到一定的温度，这个极限称为燃点。冷却灭火法，就是控制可燃物质的温度，使其降低到燃点以下，以达到灭火的目的。

（2）窒息灭火法：通过隔绝空气的方法，使燃烧区内的可燃物质，得不到足够的氧气，而使燃烧停止。此种灭火方法可用于房间、容器等较封闭的火灾。

（3）隔离灭火法：这是一种“丢卒保车”的灭火法，将燃烧物体与其附近的可燃物隔离或疏散开，消除燃烧必备的三个条件之一——“可燃物”，以达到灭火的目的。

（4）抑制灭火方法：这是一种用灭火剂与燃烧物产生物理和化学抑制作用的灭火方法。

餐厅需要按照建筑格局特点，制定一个较为详细的方案，并且要经常性地组织培训，每一位员工都知道火灾发生时该采取怎样的措施，这样才能做到临阵不乱。

当餐厅内发生火灾或发出火灾警报时，餐厅内所有员工应按照平时规定的程序做出相应的反应，切勿惊慌失措、乱了方寸。要尽快把餐厅内的人员和重要财产及文件资料撤离到安全的地方，这是一项很重要的工作，组织不当会造成更大的人员伤亡和财产损失。

& 资料卡

### 灭火器常识

饭店常用的灭火器材有以下几种（见图0-6）：

（1）二氧化碳灭火器：主要用于扑救电器设备的火灾及食油、汽油、油漆等火灾。

（2）干粉灭火器：主要用于各种油料燃烧、电器燃烧等。

（3）泡沫灭火器：主要用来扑灭油类、可燃液体和可燃固体的初起火灾。

（4）“1211”灭火器：是一种新型高效、安全的灭火器材。可用于油类、化工原料、易燃液体、精密设备、电器设备等燃烧物质的灭火。

（5）灭火毯：常放置在厨房醒目位置，以方便使用，可用于油类、煤气局部小火源扑灭。

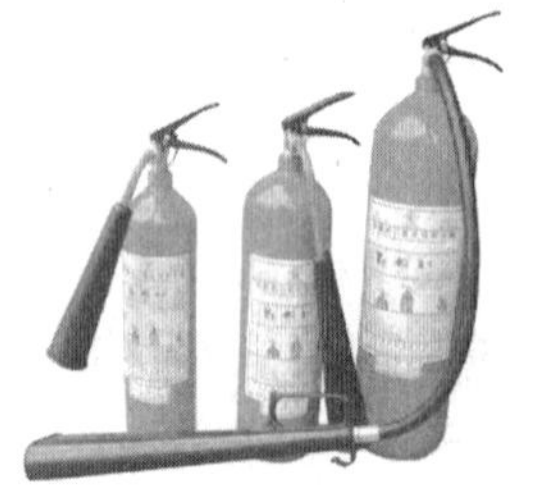

二氧化碳灭火器

干粉灭火器

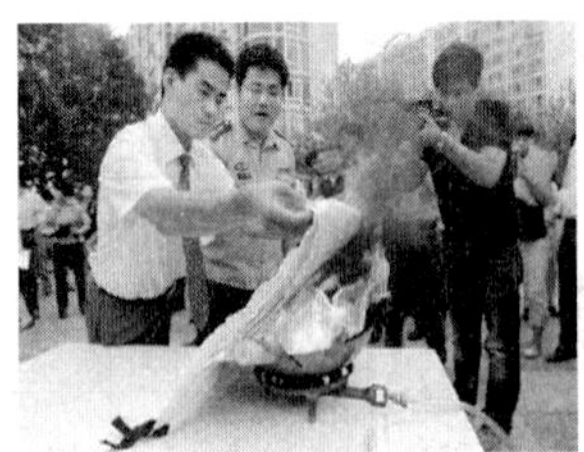

灭火毯

图 0-6

（2）常见意外事故的处理：在客人所发生的意外事件中，儿童所占比例最高。所以，儿童的安全应引起餐厅工作人员的注意。如果发现儿童乱跑、乱跳，应立刻规劝，并告之父母或带领人看管好孩子。餐厅内桌椅、玻璃很多，加上人来人往，儿童很容易发生意外事故。餐厅内应有警示性标语，减少客人发生伤害的可能，如明示“小心烫伤”、“小心地滑”或“请您及小孩下楼时小心”等。容易发生危险的建材及设计方案，在发包工程时就应注意避免，例如楼梯须加骨边条，桌角须磨圆等。餐厅内发生意外事故的种类有很多种，滑倒及摔倒、扭伤、烫伤、割伤、触电及其他机械伤害、食物中毒、煤气中毒等。

1）滑倒及摔倒。不慎踩到地上的汤汁或食物、碰到地上的障碍物及使用有缺陷的桌椅等，都有可能使人滑倒、摔倒。预防此类事故要注意以下几点：

① 液体溢出，迅速擦干净，保持地板清洁和干燥。

② 在瓷砖地面上应小心行走，不要跑动。

③ 通道若有障碍物，要及时撤走。

④ 在地面上铺设防滑垫等，如图0-7所示。

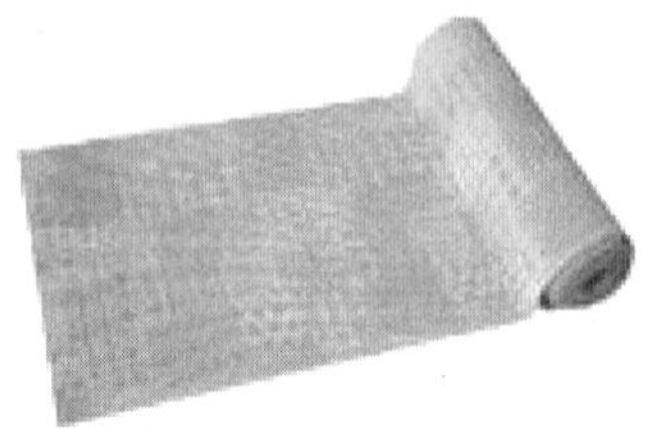

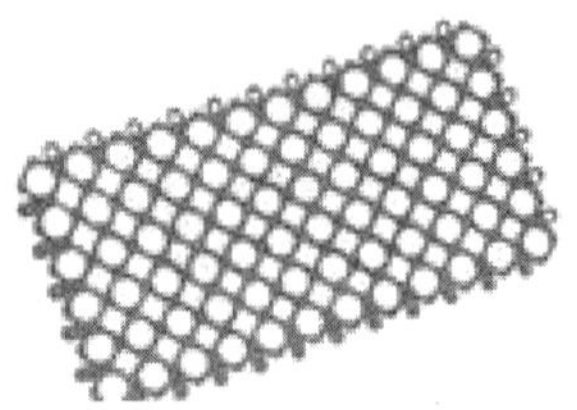

图 0-7

2）扭伤。走路不慎或搬重物时不懂得使用正确的搬运技巧，都有可能造成扭伤。只要走路时稍加注意，掌握正确的搬运货物技巧，扭伤也是可以避免的。

3）烫伤。接触加热的物品很容易烫伤，所以，发生烫伤后应及时冷疗，防止创伤面继续加深，并可减轻疼痛、水肿。方法是将烫伤部位浸入冷水中，最好不少于半小时。如果烫伤面积很大，则不宜冷疗，应及时去医院就诊。

4）割伤。主要是由于使用刀具、电动设备不当或擦拭杯具不当而造成，正确使用刀叉、尖锐的器皿或厨房用具可以防止割伤。

① 使用刀具时，注意力集中，方法要正确。

② 刀具使用后应妥善放好，切勿留在水槽里。

③ 刀具是切东西的，不能用来开瓶或代替榔头。

大多数的割伤均伴有创口出血，创口原则上应及时进行消毒、包扎。如果创口不大，只用创可贴即可。一般的割伤，用绷带包扎后就可止血。如果找不到绷带或急救包，可用当时认为最清洁的布类包扎。如有大面积出血时，可用止血带，并及时去医院就诊。

5）触电。使用机电设备，首先了解其安全操作规程，接触破损的插座、插头、电线或不正确使用电器设备等，都可能导致触电。所以，要掌握正确使用各种电器设备的方法，定期检查插座、插头、电线、电路开关等，发现破损应立即请专人修理，可以预防和减少触电事故的发生。

## 三、过硬的业务能力

### 1．语言能力

语言是人类表达思想、交流感情的重要工具。餐饮服务人员在为客人提供服务的时候，需使用普通话和客人进行交流，注意音量要适度。餐饮服务人员在任何情况下都应该发出自然、流畅的适中音量，给客人以亲切、温馨的感觉。注意语速要适中，太快或太慢都会给让客人听不清或感觉拖沓。交流时还要注意声音的感情色彩，否则会让客人觉得是在应付工作，缺乏真诚。平时与客人对话时必须站立，双目注视客人，语言温和，有耐心，以示尊重。对客人提出的问题无法解答时，应予以耐心解释，不推诿和应付。

餐饮服务人员的魅力体现在：①自信的微笑。②文明的语言。③端庄的仪表。④高效的服务。⑤潇洒的风度。

餐饮服务人员应该使用文明、礼貌、简明、清晰的普通话来和客人进行交流。

（1）称谓语：如“您”、“先生”、“女士”、“太太”、“夫人”。

（2）问候语：如“您好”、“早安”、“晚上好”。

（3）迎送语：如“欢迎光临”、“多谢光临”、“欢迎下次光临”。

（4）慰问语：如“辛苦了”、“多日不见，您身体好吗？”

（5）道歉语：如“对不起”、“非常抱歉”、“打扰了”。

（6）理解语：如“算了”、“没关系”。

（7）致谢语：如“谢谢”、“非常感谢”。

（8）征询语：如“请问有什么事？”、“我能为您做些什么吗？”

（9）推托语：如“多谢您的好意”、“对不起，我不能离开，我用电话为您联系一下可以吗？”

在语言上还应注重文明礼貌，有较强的表达能力，并要学会一定的表达艺术。餐饮服务人员的语言艺术要注意以下要点：

1）语言的礼貌性。这既是对客人的尊重，也是对自己的尊重，更是自身良好素质的体现。

2）语气的委婉性。对客人提出的任何问题都要予以明确、简洁的回答，绝不能用训斥、命令的语气回答。

3）应答的及时性。无论客人在何时何地、有多少次询问，都要及时应答，以体现周到服务。

**笑 话**

在用餐中，询问客人吃什么主食时，说“先生，您要饭吗？”这样无意之中把客人看成了叫花子，会引起客人的不悦，是对客人的不礼貌。

**2．应变能力**

由于餐饮服务工作任务重、头绪杂，大都由员工通过手工劳动完成，而且客人的需求多变，所以，在服务过程中难免会出现一些突发事件，如客人投诉、员工操作不当、客人醉酒闹事、停电等，这就要求餐厅服务人员必须具有灵活的应变能力，遇事冷静，及时应变，妥善处理。所以餐饮服务人员必须具有迅速发现问题、辩证分析问题和果断解决问题的能力，而这一切都必须建立在“客人至上”的服务宗旨之上。

餐饮服务人员五勤：眼勤、口勤、手勤、脚勤、心勤。

**3．推销技巧**

餐饮产品的生产、销售与客人的消费几乎是同步的，且具有无形性的特点，所以要求餐饮服务人员必须根据客人的爱好、习惯及消费能力灵活推销，以尽量提高客人的消费水平，从而提高餐饮部门的经济效益。这也是对餐饮服务人员综合素质的最好检验。

**小提示**

作为一名合格的餐饮服务人员，只有掌握相关的菜肴和酒水知识，才能在进行推销工作时心中有数。

**小技巧**

客人点菜后，如何向客人推销酒水？

首先，向客人介绍值得推荐的酒水。其次，可以用选择疑问句向客人征询意见，如：“先生，您要茅台还是五粮液？”最后，还要确定客人的需要。

**4．专业操作技能**

专业操作技能是指餐厅服务人员在提供服务时显现的技术和能力。它不仅能提高工作效率，保证餐厅服务的规格、标准，更能给客人带来赏心悦目的感受。餐饮服务的每一项工作、每一个环节都有各自的操作标准和要求，如托盘、摆台、餐巾折花、斟酒、上菜与分菜、撤换餐具和服务人员的接待能力、语言技巧等。因此餐厅服务人员要努力学习、刻苦训练，熟练掌握餐厅服务的基本技能，明确各项服务的规格、程序和要求，做到服务规格化、标准化、程序化。

**5．团队协作精神**

餐饮服务质量的提高需要全体员工的参与和投入，所以在餐厅服务工作中，要求服务人员在做好本职工作的同时，应当学会与其他员工密切配合，尊重他人的劳动，共同努力，把满足客人的需要放在第一位。

6．微笑服务

笑是人们因感到喜悦而高兴的表情，它是一种生理现象。而笑的形态又是千差万别的，餐饮服务人员需要的是微笑。客人需要的服务也是微笑服务。

1）微笑是内心喜悦的情绪语言，也是餐饮服务人员的职业本能，是由衷地对自己职业的肯定，是敬业、乐业的体现，表现了对自己职业的责任感和荣誉感。

小知识

如何训练微笑呢？

1）除思想、心理素质的培养外，可以适当借助某些技术上的指导：默念普通话“茄子、田七”、“一”，当我们默念这些字词时，正好是微笑的最佳口型。

2）最佳的微笑口型是上下牙齿露出八颗牙齿。

2）微笑服务具有诱导和得到客人肯定认识，从而产生良好心境的作用。客人有了良好的心境，心情自然会既安宁又舒适，对提高餐饮部门的经济效益会产生很大的影响。

3）微笑服务不是表现在某一个环节里，而是体现在餐饮服务的全过程中。餐饮服务的任何环节缺少了微笑服务，或体现不充分，服务质量就会下降，客人的满意率就会降低。

## 四、健康的身心

1．身体素质

餐饮服务工作是非常辛苦的，对员工的身体素质要求很高，因此，良好的身体素质是做好餐饮服务工作的基本条件。

（1）健康的身体：餐饮服务人员的身体必须健康，必须取得卫生部门发给的健康证，如查出患有不适宜从事餐饮服务工作的疾病，应立即调离岗位。

（2）充沛的体力：餐饮服务工作的劳动强度较大，餐饮服务人员无论是值台员，还是迎宾员、传菜员、酒水员，其在工作中的站立、行走、托盘、上菜等，都要有一定的腿力、臂力和腰力。所以，餐饮服务人员必须有充沛的体力，才能胜任此项工作。

2．心理素质

（1）良好的自信心：自信心是一个人对自己能力的正确估价和积极的肯定，是心理健康的基础。因此，餐饮服务人员增强自己的自信心，不但可以抵御心理压力的影响，还可以帮助自己从容地应付各种问题和困难，在工作中获得成功的喜悦。

（2）持久的注意力：餐饮服务人员工作在喧闹的餐厅中，时刻都要注意到自己服务范围内每一个客人的情况，只有这样才能及时发现客人的需要，为他们提供优质的服务，因此，集中注意力对一名餐饮服务人员就显得尤为重要。

（3）敏锐的观察力：餐饮服务人员要学会准确了解客人的心理需求，所以餐饮服务行业要求每一位从业人员都要具备敏锐的观察力。在餐饮服务中，要把服务做到客人开口之前，即使客人没有说出来，也能了解并提供他们所需的服务，这就是所谓的“超前服务”和“个性化服务”。

（4）正确的情感调节：情感对餐饮服务人员的学习、生活、工作乃至身心健康都有重要的影响，这些影响可能是正面的、积极的，也可能是负面的、消极的。这就要求餐饮服务人员在工作中善于控制和调节自己的情感，始终保持热情友好的服务态度，使客人感到真正的满意。

## 五、规范的言行举止

**1．服务姿势**

（1）餐饮服务人员的站姿：站姿（见图 0-8）是餐饮服务人员的基本功，其要领是抬头、挺胸、收腹，双肩保持平衡、自然放松。其基本要求是：站立端正，目光平视，面带微笑，双肩自然下垂，双手体前相握或背相握。女服务员站立时，双脚呈 V 字形或丁字形，膝和脚后跟要靠拢。男服务员站立时，双脚距离应与肩部同宽，身体不能东摇西晃。

图 0-8

（2）餐饮服务人员的走姿：餐饮服务人员的走姿（见图 0-9）要端庄。其基本要求是：抬头挺胸、目光平视、面带微笑、双臂前后自然摆动、肩部放松。切忌摇头晃脑、步子太大、速度太快。

（3）餐饮服务人员的坐姿：餐饮服务人员的坐姿（见图 0-10）要端正，这是体态美的表现。入座时，走到座位前，轻稳地坐下，然后把右脚与左脚并齐；坐时，人体重心垂直向下，腰部挺起，胸前挺，双肩平正放松，目光平视，双手自然放在双膝上，双膝并拢；起立时，右脚先向后收半步，站起，再向前并齐。

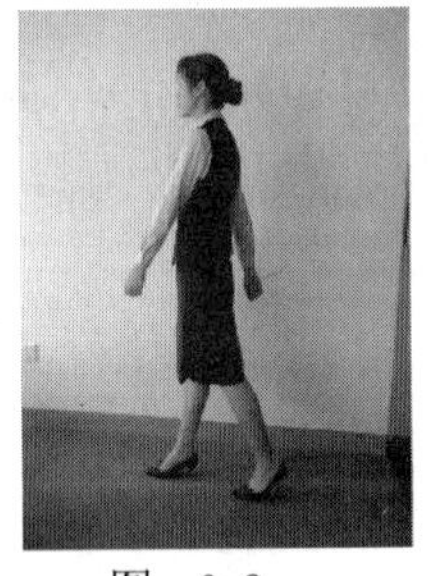

图 0-9

图 0-10

（4）餐饮服务人员的手势：手势是最有表现力的一种“体态语言”。餐饮服务人员在工作中经常要运用手势来为客人服务，如菜点介绍、引路、指示方向等。手势的具体要求有：在给客人指示方向时，要把手臂伸直，手指自然并拢，掌心向上，以肘关节为轴，指向目标，同时眼睛要看着目标并兼顾客人是否看到指示目标，如图 0-11 所示。在为客人指示方向时，忌用一个手指指点。在使用手势语言时，还要注意各国的不同习惯，以免发生误解。

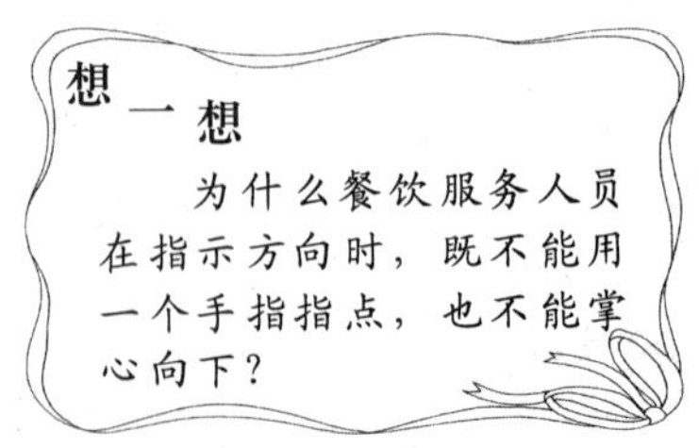


（5）餐饮服务人员握手的要求：两脚跟并拢站立，双腿挺直，左手前伸，自然屈肘，右手掌握对方右手掌指部位，如图 0-12 所示。左臂自然下垂，上身前倾约 15°，眼视对方，面

带微笑，点头示意。餐饮服务人员不能主动与客人握手。

图　0-11

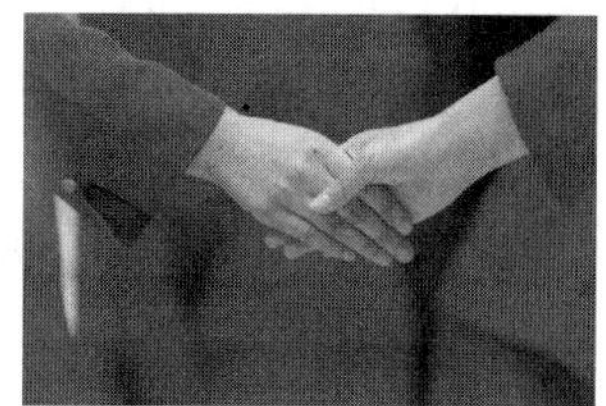

图　0-12

**2．仪容仪表**

服务员的仪容仪表体现了饭店员工的精神面貌，是显示餐饮服务人员外在素质和内在涵养及精神面貌的无声语言。良好的仪容仪表可以给客人带来清新的感觉和美的享受。不同的饭店都有不同的着装要求，餐饮服务人员要穿着饭店统一发放的工作服，工作服是饭店的标志（见图 0-13）。一个优秀的餐饮服务人员的仪容仪表应注意以下要点：

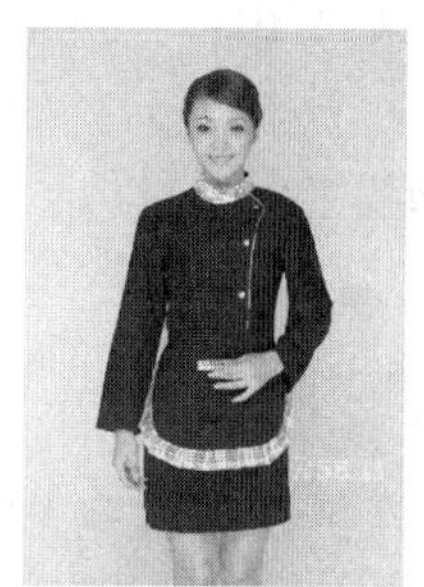

图　0-13

（1）头发：餐饮服务人员一般留短发，如果留长发，当班时一定要将长发盘起来，保持头发清洁无头屑、无异味，可使用式样简单、色调与服装协调的发夹夹住头发。男服务员要勤洗头，不要留大鬓角。

（2）面部：可以化淡妆，但要得体，不得化浓妆。

（3）饰物：除了手表外，不得佩戴项链、耳环、戒指（婚戒除外）、手镯等其他饰物。

（4）手指：保持清洁，不能留长指甲，不能涂有色指甲油。

（5）衣服：穿工作服时要求整洁、无油污、无缺损，佩戴工号牌。女服务员穿裙子时，应穿长筒肉色丝袜，无抽丝、无破洞；穿旗袍时，应穿肉色连裤袜。男服务员如穿西服，应打领带，白衬衫应该挺括洁白。

（6）香水：在手腕、腋下、颈部可以抹少许香水，但不能使用味道过于浓烈的香水。

（7）鞋子：穿平跟或者小坡跟皮鞋、布鞋，鞋的颜色一般为黑色。鞋子要保持清洁，无破损。

（8）洗澡：服务人员要勤洗澡、勤洗头，保持体味清新。

## 六、必备的卫生意识

餐厅卫生工作关系到餐饮企业的信誉和经营，更关系到客人的身体健康乃至生命安全。从事餐饮工作的人员养成良好的卫生意识和习惯，不但是工作优良的表现，也体现了餐饮工作人员良好的修养和素质。餐厅卫生主要包括：餐厅环境卫生，餐具、用具卫生，服务员个人卫生，操作卫生，食品卫生等。

**1．餐厅环境卫生**

餐厅的环境卫生直接反映了餐厅服务人员的精神面貌和文化素养，服务人员应为客人创造一个清洁雅静、美观整洁、空气新鲜的就餐环境。餐厅环境卫生包括餐厅的通道、走廊、盥洗室、休息室、工作间等场所的卫生，包括地面、墙面、门窗、灯具、装饰工艺品、挂画、餐桌椅的卫生等。这些卫生工作，要做到事前准备、事后清理，平日小扫、每周大扫，以保证卫生工作经常化、制度化。餐厅应积极采取有效措施，消灭苍蝇、老鼠、蟑螂、蚊子等。灭虫药和灭鼠药应与食物严格分开，防止污染。

（1）地面卫生：餐厅的地面无论采用哪一种材料，都应保持清洁，如大理石地面要天天用平面拖把推扫，定期打蜡上光；木质地板要天天用带蜡拖把拖擦，定期上新蜡磨光；地面铺设地毯每天应吸尘 2～3 次，如发现有污迹，可用地毯清洁剂反复擦拭，直至干净。

（2）墙面卫生：墙面要定期除尘，若有污迹要随时清除，以保持墙面的清洁、美观。若墙面挂有字画、装饰品或工艺品，应根据不同材料，采用不同方法定期擦洗。

（3）门窗卫生：门和窗的玻璃应每周擦拭一次，外露的玻璃在风雨天过后应及时擦洗，保持玻璃的明亮度。擦窗要选择合适的天气，阴天、早晨及黄昏这些无阳光照射的时间，窗面污迹易看见，是擦窗的最佳时间。如果在强烈的阳光下擦窗，污迹不易擦净，影响工作效率和质量。正确、简单的擦窗方法是选择合适的天气，用一块干净、吸水、不脱毛的抹布，在清水中浸湿绞干后，先将玻璃擦一遍，待其略干后，再用清洁的干布揩净、擦亮。抹布严禁有油，用玻璃清洁剂或专用玻璃擦效果会更好。

（4）桌椅及工作台卫生：桌面、椅面每餐须擦净，桌脚、椅脚要定期擦洗，做到无尘、无油、无垢。工作台必须每餐整理，台内餐具、用具要摆放有序，经常更换工作台内的垫布，做到清洁美观、井然有序、使用方便。

（5）盥洗室卫生：盥洗室要有专人勤冲洗、勤打扫，做到无积尘、无异味。

（6）空间卫生：空间卫生是指餐厅内超平面体系结构的卫生。餐厅在营业前，要打开窗户，通风换气，保持空气的清新，客人经过的地方不准堆放杂物。服务人员的私人用品和清洁用具都应放入固定保管室。

**2．餐具、用具卫生**

餐具、用具卫生主要是指餐厅所用餐具、用具的洗涤、消毒、放置等环节的卫生，这对保证客人的身体健康有着特殊的意义。

（1）餐具卫生：餐具的卫生要求是一刮、二洗、三冲、四消毒，保证餐具无油腻、无污迹、无水迹、无细菌。

服务人员可根据不同材料，采用不同的消毒方法。其中：蒸气消毒（见图 0-14）是将餐具放入蒸屉或蒸柜中，盖严后，再打开蒸气阀蒸约 15min 即可；煮沸消毒（见图 0-15）须将餐具置入沸水中，煮沸 15min 左右，才能达到消毒效果；消毒液的品种很多，适合于不耐高温的餐具消毒。餐具的消毒必须严格按照规定的程序和方法，认真操作。消毒处理后的餐具，要妥善保存，防止污染。随着科学技术的发展，一些餐厅已配备了全自动洗碗机（见图 0-16）或超声波洗碗机以及洗杯机（见图 0-17）、消毒烘干机等，加快了洗碗速度，减少了劳动强度。

图 0-14

图 0-15

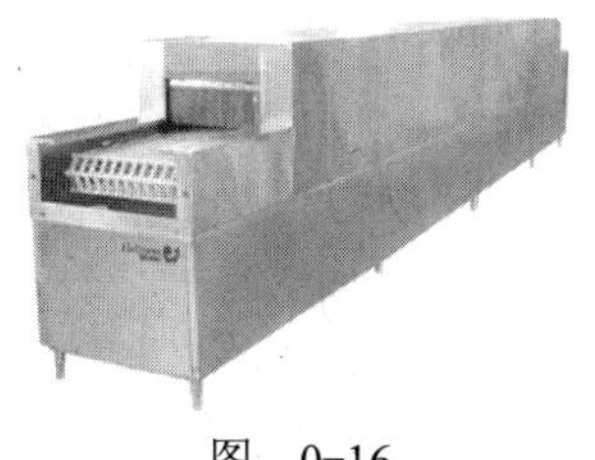
图　0-16

图　0-17

（2）用具卫生：餐厅服务人员使用的抹布、托盘等用具，应每天清洗、消毒，确保清洁无菌；菜单、收银夹等不能洗涤的用具，应该定期用红外线消毒，以防止细菌、病菌的传播；餐桌上用的台号、花瓶或花盆也应定期清洗、擦净；对于佐料等各种容器，应按规定加盖、加罩、防尘、防菌。

**3．服务员个人卫生**

服务员的个人卫生，是餐厅卫生的一个重要组成部分。餐厅服务人员每天会直接接触食物、餐具，他们有可能成为致病菌的携带者。所以，餐厅服务人员要严格要求自己，养成良好的卫生习惯。管理人员应十分重视服务人员的个人卫生和健康，要为他们创造一些必要的条件，经常进行检查督促。

（1）定期进行体格检查：新员工正式上岗前，必须进行体格检查，其他员工也须定期进行体格检查。凡患有某种不能从事饮食服务工作疾病的员工，应立即调离服务工作岗位。在其病痊愈之后、恢复工作之前，必须重新进行体格检查。

（2）具有健康卫生知识：服务人员平时要睡眠充足，保持身体健康，若得了呼吸道、肠道疾病、皮肤病、红眼病、肝炎等传染性疾病，应主动汇报上级领导，要求暂时调离餐厅服务岗位或安排休息，康复后才能上岗或转岗。

（3）讲究个人清洁卫生：服务人员要做到：①勤洗手、勤剪指甲。②勤洗澡、勤理发。③勤换洗工作服。④注意客前的文明卫生。

服务人员上岗前应注意不食韭菜、大蒜、洋葱等具有强烈气味的食品。在客人面前或靠近食品时，咳嗽、打喷嚏须用手帕或餐巾纸捂住口鼻，并转过身去，尽量背对客人和食品，养成文明卫生的习惯。

**4．操作卫生**

餐厅服务人员是面对面地、直接地面对客人进行服务的，在服务操作中，保持良好的操作卫生习惯是十分重要的。它不但直接影响客人的健康，而且也会因为不卫生的操作而失去回头客，所以在操作中，服务人员应做到：

1）走菜、端汤、斟酒，一律用托盘端送，托盘必须洗净、擦干。

2）结账收款时，需要用收银盘或收银夹进行。客人所付现金应放入盘中，服务人员用专用镊子点清数目，而不应用手直接接触现金，以防细菌、病菌的传播。

3）服务人员拿取餐具和食物时，手要卫生。不能拿取餐具上那些客人触口部位，如杯口、刀尖、筷子前端等；不能用手直接抓取食物。

4）不可用不洁抹布擦餐台，也不可将餐布或小毛巾当抹布使用。抹布、垫布每天要清洗干净，与餐具一起消毒，防止交叉感染。

5）掉落在地面的餐具不可再使用，必须更换干净的。有缺口或者破裂的餐具，应及时更换，保证客人的用餐安全。

6）在餐厅服务操作中，要杜绝出现不良的习惯动作，如在客人面前抓头皮或身上的其他部位、梳理头发、挖鼻、掏耳、剔牙等动作。

**5．食品卫生**

餐厅经营的食品，在色、香、味和组织状态等感官性状方面，必须符合营养卫生要求，不应对人体产生任何有害作用。首先要选择卫生安全的原料，以及合理加工和烹制的方法，防止食品污染，严防食物中毒。对于餐饮服务人员要严防食品的污染和腐败变质问题。因此，平时工作中要做到：

1）餐厅内所陈设的各类食品，必须按有关规定加盖、加罩，注意防尘。

2）凡不符合卫生要求的食品，如霉变的、腐烂的、变质的食物坚决不予出售。如果客人发现食物有变质现象，应立即进行掉换，同时致以歉意。

3）从盘碟中掉落下来的食物、被蚊蝇叮过的食物，以及过期的罐头食品不可给客人食用。

4）冷盘一类的食品不能过早地摆上餐桌，应该在开餐前10min或客人入座以后再上冷盘，防止冷菜被污染。

5）餐桌上不同类型的食物不要随便混淆，以免串味或错味，影响其本味。

**什么是食物中毒？**

食物中毒是指人们吃了“有毒的食物”而引起的一种急性疾病的总称。其特点是潜伏期短，一般在48 h内，没有传染性，患者人数较多且集中，并在同一时间内食用相同的食物，患者的临床表现多为急性肠胃炎。按病因物质的不同一般可分为细菌、霉菌毒素、化学毒物和有毒动植物食品中毒四类。如发现有食物中毒症状的，应及时上报，以便及时得到治疗。

# 小　　结

餐饮服务主要是为客人提供食品享受和精神享受的服务。各种餐饮服务人员在餐厅里的工作性质不同，但都要求具有为客人提供优质服务的基本素质，这也是保证服务水准的关键。

餐饮服务人员的基本素质主要包括服务素质、文化素质、业务素质、身心素质和言行规范。餐饮服务过程中无小事，菜品知识、餐厅卫生知识、餐厅安全知识是服务过程中非常具体的工作，很多属于细节问题，如菜品服务的注意事项，餐前对客人的了解情况，餐厅的环境卫生，食品的卫生和安全，灭火知识，遇到急发事件如何面对等，操作不当，必将影响餐厅的整体服务水准和正常经营。作为未来的餐饮服务人员，必须认真学习，严格培训，考核要合格，方可上岗。在实际工作中还要不断培训，能处理好各种突发情况，认真总结经验与教训，做一名让客人满意的餐饮服务人员。

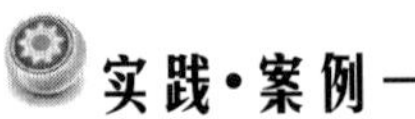


**客人的体态语言，超值服务的信息**

某饭店午餐时间，一位客人招呼服务员“小姐，请给我倒一杯白开水好吗？”服务员微笑回答：“好的，请稍等，这就给您送过来。”服务员迅速为客人送到餐桌上，这位客人看到自己要的白开水，从口袋里拿出一包药，摸了摸水杯，皱了皱眉头。服务员发现客人的细微动作后，立即主动询问客人："给您的杯里加些冰块降温好吗？"客人高兴地说："好的，太谢谢了。"服务员很快给客人拿来冰块放入杯中，水温立即降下来，客人及时吃了药。客人临走时，写了表扬信，对这位服务员的服务表示感谢。

**评析：**

本案例中的服务员在服务中善于观察客人的体态语言，发现客人皱眉的细微动作后，就主动询问客人，服务于客人要求之前，受到了客人的赞扬。这种热情主动地为客服务的意识，以及细心的工作态度值得赞扬。

**思考与启示：**

服务员能否在客人就餐时，注意到客人的就餐动态，及时捕捉客人的需求信息，敏锐地发现客人微笑的动作，及时为客人提供超值服务，与服务员平时工作中的细心和良好的注意力是分不开的。饭店的服务中，有许多琐碎小事，然而正是这些小事才构成了饭店的服务质量。

## 实践·案例二

**火柴的风波**

某酒店餐厅，正开午餐，值台实习服务生小华向 8 号餐台的客人推荐了本餐厅特色小锅仔。小华给客人端上小锅仔，取来火柴，侧身点火，点着的火柴"啪"地一下分了叉，一颗火星"嗖"地一下子就溅到了一位客人的裤子上，吓得客人一声惊叫，跳了起来，低头一看，裤子上烧了一个小洞，立刻不高兴了。吓得实习生小华连声对客人说："对不起，先生！"慌忙中，小华又将火柴梗不慎掉入锅里。客人生气地说："对不起管什么用？烧了个洞，怎么办？叫你们经理来！"实习生小华只好叫来了主管范小姐。主管来后，先向客人道歉，然后查看到客人的裤子上烧的洞有小米粒那么大小，就对客人说："先生，实在抱歉，这位服务员是新来的实习生，没有工作经验，请您原谅！我们店没有织补技师，不能为您织补好裤子，对不起。我看这样办吧，这个小锅仔撤掉，请我们的厨师重新给您做一份，今天您的餐费打个折，再奉送一份果盘、两份小吃，您看如何？"客人一听，渐渐消了气，说："好吧！那就这样吧！"烧洞事件才得以平息。

**评析：**

1）在服务中，服务员为客人推荐菜肴，体现了服务员的主动意识。

2）在使用火柴点火时，首先要注意安全。要求服务员站在客人身侧，在火柴磷面上划火柴的方向应由外向内，即划向自己身体一侧，且用力适当，不宜用力过猛，这样可避免火星迸溅到客人衣服上。本案例中，实习生小华划火柴也是站在客人身侧，但划火柴用力过猛，方向向外，导致火星猛地爆裂，飞进到客人裤子上，烧了个洞。火柴梗掉入锅里，也影响了菜肴的卫生。事故的原因就是操作错误。因此，服务人员点燃火柴时，操作要小心。遇到紧急情况应冷静对待。

3）火柴火星烧了客人的裤子，酒店是该赔偿客人损失的。若酒店洗衣房有织补技师，应负责给客人织补好。若没有此项服务，则要视衣服损害的程度给客人经济赔偿。影响菜肴的卫生，必须重做或换菜。本案例中，主管处理得当，因见烧的洞小，就在客人消费上给予打折优惠，奉送果盘、小吃，足以补偿客人的损失，客人也容易接受。通过此例，应注意：服务需要热情，安全与卫生也不可忽视，所以，餐厅管理人员要经常对员工特别是新上岗的员工进行培训，以便尽快适应工作，提高服务质量。

**思考与启示：**

在服务中，服务人员应体现主动意识，这源于服务人员对工作的认真，对客人的负责，把服务工作做在客人开口之前。服务员还应掌握基本服务技能，工作才能得心应手。在服务过程中出现突发事件时，服务人员必须具有灵活的应变能力，遇事冷静，及时应变，妥善处理。所以，要具备基本素质，才能成为一名合格的服务人员。

## 测试题

### 一、填空题

1．在餐饮服务中，服务人员应树立_______的观念，以达到一切以客人为中心的目的。

2．餐饮服务人员要注意语言的_______，语气的_______，应答的_______，为客人提供满意的服务。

3．敏锐的观察力是实现_______服务和_______服务的前提。

4．在餐饮服务中，_______是最具表现力的体态语言。

5．好的仪容仪表是显示餐饮服务人员_______、_______以及_______的无声语言。

6．餐厅卫生主要包括：_______、_______、_______、_______、_______、_______等。

7．餐具的卫生要求是：_______、_______、_______、_______。

8．人体需要的营养素有40多种，归纳起来分六大类，即_______、_______、_______、_______、_______和_______。

9．中国菜肴的特点包括：_______、_______、_______、_______、_______。

10．欧美主要国家的菜式有_______、_______、_______、_______、_______。

### 二、选择题

1．餐饮服务人员综合素质的最好体现是（　　）。

A．应变能力　　B．专业技能　　C．推销技巧　　D．团队精神

2．关于微笑服务，下列叙述中正确的是（　　）。

A．对客人产生良好的心境有一定帮助，但对提高经济效益没有太大意义

B．喜悦的时候才会笑，餐饮服务人员也不例外

C．微笑服务不一定要贯穿在所有的服务环节里

D．微笑服务是敬业、乐业的重要表现

3．关于餐饮服务人员心理素质，描述正确的有（　　）。

A．餐厅太喧闹，无法保持良好的注意力

B．客人开口要什么，就为客人服务什么

C．保持热情友好的态度，一定要调节好心理状态

D．餐厅人太多，不可能注意到每一个人

4. 下列不属于问候语的是（　　）。

A. 您好　　B. 欢迎光临　　C. 早安　　D. 晚上好

5. 餐饮服务人员对自己能力正确的估价来源于（　　）。

A. 注意力　　B. 情感调节　　C. 观察力　　D. 自信心

6. 下列不属于四大菜系的是（　　）。

A. 四川菜　　B. 广东菜　　C. 上海菜　　D. 山东菜

7. 如果烫伤面积很大，应及时（　　）。

A. 冷疗　　B. 去医院就诊　　C. 包扎　　D. 用水冲

8. 冷盘一类的食品不能过早地摆上餐桌，应该在开餐前（　　）再上冷盘，防止冷菜被污染。

A. 15min　　B. 30min　　C. 10min　　D. 以上都不是

9. 下面天气不合适擦餐厅窗户的是（　　）。

A. 阴天　　B. 早晨　　C. 黄昏　　D. 晴天中午

10. 鲁菜菜肴特点具有（　　）。

A. 具有“一菜一格”、“百菜百味”的特殊风味

B. 少有复杂的合成滋味，一菜一味，竭力体现原料的本味

C. 口味比较清淡，力求清中求鲜、淡中求美

D. 原汁原味，风味清新，浓而不腻，淡而不薄

三、判断题

1. 女服务员站立时，双脚呈 H 字形，男服务员站立时，双脚呈 V 字形。（　　）

2. 女服务员在工作时，可佩戴一些不影响工作的饰物，如耳环等。（　　）

3. 餐饮服务工作不是一个人的工作，需要所有员工的参与和投入。（　　）

4. 为了更加清楚地为客人指示方向，服务人员可以用一个指头指示。（　　）

5. 到了下班时间，如无人接班，应继续等待，不能擅自离岗。（　　）

6. 营养素是人体所必需的，但有的营养素供给不宜过多，否则对人体有害。（　　）

7. 死后的甲鱼、螃蟹不能食用。（　　）

8. 餐具消毒后要用抹布抹干。（　　）

9. 凡患有某种不能从事饮食服务工作疾病的员工，应立即调离服务工作岗位。在其病痊愈之后、恢复工作之前，必须重新进行体格检查。（　　）

10. 餐饮服务员只要在岗前认真培训，就能避免餐厅里意外事情的发生。（　　）

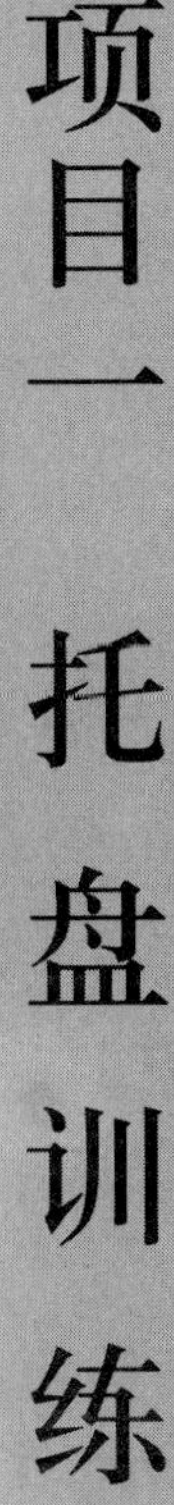

# 项目一 托盘训练

托盘是餐厅服务人员经常使用的服务工具。在餐厅服务过程中无论是摆、换、撤、送餐酒具，还是传菜、运送盘碟和斟倒酒水等服务操作，都需要使用托盘。正确掌握托盘的操作技能，可以体现服务的规范化，提高工作效率，是每位餐厅服务人员必须掌握的一门服务技能。

# 任务　托盘技法训练

## 学习目标

通过技能训练，使学生掌握轻托操作技能，能熟练地进行轻托行走并能灵活自如地运用轻托技能进行对客服务。

## 学习准备

1. 物品准备：大、中、小三种型号的圆形托盘，啤酒瓶、易拉罐等各种高低不同的酒水饮料瓶罐，干净揩布数块。

2. 场地准备：餐厅实训教室或无干扰条件下的室外空地。

3. 分组安排：根据班级人数平均分组，每组3～4人，选出1名组长。

4. 学时安排：8学时。

## 理论知识

### 一、托盘的种类及用途

托盘是餐厅服务工作中用于运送各种物品的常用工具之一。正确使用托盘是每个餐厅服务人员应掌握的基本操作技能。熟练掌握托盘操作技能可以提高工作效率、服务质量和规范餐厅的服务工作。

**1．托盘的种类**

（1）根据托盘的质地可分为以下几种：

1）木质托盘，即用木材制作，外涂油漆。

2）塑胶托盘，即用塑料制作，采用防滑工艺处理。

3）金属托盘，即用银、铝或不锈钢制作。

（2）根据托盘规格大小可分为：大、中、小三种。

（3）根据形状可分为：长方形托盘、圆形托盘、方形托盘。

**2．托盘的用途**

托盘的质地、规格、形状不同，用途也有所不同。餐厅服务一般常用的托盘有三种，一种是大、中长方形塑胶托盘；另一种是中圆形塑胶托盘；再一种是小圆形托盘（银或不锈钢）或15cm×10cm的小长方形托盘。表1-1是餐厅服务常用托盘的用途和规格。

表 1-1

| 种　　类 | 用　　途 | 规　　格 |
|---|---|---|
| 大、中长方形塑胶托盘 | 托运盘碟、菜点、酒水等较重的物品 | 45cm×35cm |
| 大、中圆形塑胶托盘 | 用于斟酒，上菜，分菜，展示酒水、饮料等 | 直径为 40cm |
| 小圆形托盘（银或不锈钢）或小长方形托盘 | 用于递送账单、收款、递送信件等 | 直径为 15cm 或 10cm |

## 二、托盘的托送方式与姿势

根据所托物品重量的不同，托盘的操作分为轻托和重托两种方式。

### 1．轻托

轻托又称胸前托，主要用于托送较轻的物品（重量在 5kg 左右）和对客服务。轻托时左手臂弯成 90° 角，掌心向上，五指分开，用手指和手掌托住盘底（掌心不与盘底接触），平托于胸前。轻托动作要求熟练、准确、优雅，如图 1-1 所示。

图 1-1

### 2．重托

重托又称肩上托，主要用于托送较重的物品（重量在 10kg 左右）。右手扶住托盘的边，左手掌心向上，伸开五指，用全掌托住盘底，掌握好重心后，用右手协助将托盘托起至胸前，再轻轻向上向后转动左手腕，将托盘擎托于肩上。做到盘底不搁肩，盘前不靠嘴，盘后不靠发。重托动作要求平稳、灵活、轻松。目前国内饭店采用重托的不多，一般用小型手推车递送重物，既安全又省力。

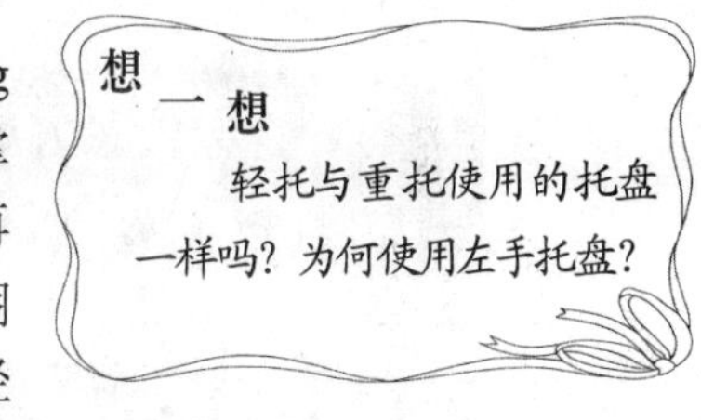


## 三、托盘操作的程序

无论是轻托还是重托都要经过六道程序，如图 1-2 所示。

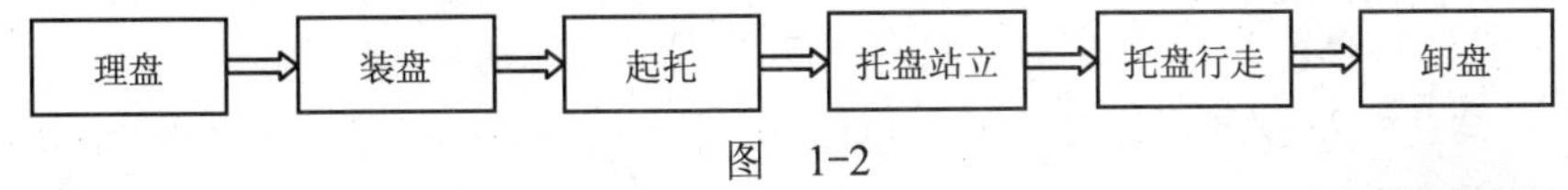


图 1-2

### 1．理盘

根据用途选择合适的托盘并对托盘进行清洁，将其里外擦拭干净，确保托盘外观清洁，无水迹和污渍，如图 1-3 所示。

图 1-3

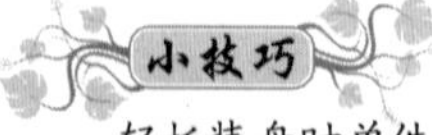

**小技巧**

为达到卫生无菌要求，可在托盘内垫上消毒过的餐巾或专用盘布。如使用盘布，要将其铺平拉正，四边与盘底相齐，这样既美观又卫生，还可防止盘内物品滑动。必要时在盘布上洒些清水防滑效果更佳，如图 1-4 所示。

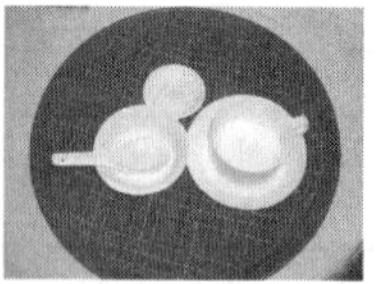

图 1-4

2．装盘

根据托送物品的形状、体积和使用先后顺序合理装盘，以安全稳当、便于服务操作为原则。通常是高物、重物在托盘里档，轻物、低物在外档，先上桌的物品在前，后上桌的物品在后。同时，盘内物品要排放整齐，重量分布要得当，重心靠近身体一侧。物品之间要留有一定的间隔，便于拿放物品，如图 1-5 所示。

图 1-5

**小技巧**

轻托装盘时单件物品平摆，多件物品可根据托盘的形状归类摆放，将物品放于托盘的中心部位，一般圆形托盘呈圆形、弧形，长方形托盘横竖成行，摆放均匀。

重托装盘时，要把物品摆放均匀，重的物品放在托盘的中间，中间高四周低，物品与物品之间要留有一定间隔。

3．起托

起托时左腿在前，左手臂自然弯曲，身体略向前倾，用右手将托盘从桌边拉出，左手托住托盘的中间位置，平托于胸前，然后身体直立，右手自然下垂，如图 1-6 所示。

**轻托的起托**

左手掌心向上，五指充分张开，指尖向前与操作台平行，右手拉住托盘边沿，轻轻地将托盘从桌边拉出。用左手托住托盘的中间位置，掌握好重心后平托于胸前，距胸部 15cm 为宜，再松开右手，然后身体直立，右手自然下垂。

若是重托，则用双手将托盘移至服务台的边沿处，使托盘的 1/2 悬空。右手将托盘扶平，左手全掌托住盘底中心，掌握好重心后，用右手协助将托盘托起至胸前，同时向上向后转动手腕，将托盘平稳托于肩上（不搁在肩上），然后身体直立，右手自然下垂或轻扶托盘前侧边沿，以确保托盘平稳，如图 1-7 所示。

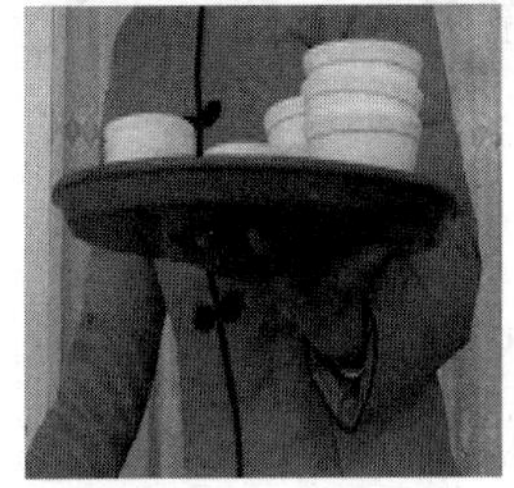

图 1-6

图 1-7

4．**托盘站立**

轻托站立要求头正肩平，挺胸收腹，双腿并拢，双膝和脚后跟靠拢，双脚呈 V 字形打开，目视前方，表情自然放松，左手托盘位于左胸前，右手自然下垂或背于身后，站立姿势端正，如图 1-8 所示。切忌斜肩或左右晃动。

图 1-8

**托盘站立技巧**

客人致辞讲话时，服务员在托盘内摆放祝酒用酒水和杯子轻托站立于工作台一侧，静候客人致辞结束后迅速上前送上酒水。若大型宴会宾主致辞时间较长，托盘站立时间较长时，双脚可左右调节站立重心，但动作幅度要小，不可有明显晃动。

5．托盘行走

轻托行走要求上身挺直、自然，目视前方，步履轻快，上臂不要紧贴身体，手腕要轻松灵活，托盘边沿不得贴腹。托盘应随行走节奏自然摆动，但其上下摆动的幅度不可过大，否则既不美观也不礼貌。一般以菜肴汤汁不洒，物品之间不碰撞，酒水不外溢为准，如图 1-9 所示。

重托行走要求保持盘平、肩平，行走稳重，不摇摆，不晃动，转让灵活不碰撞，表情自然轻松，忌僵硬死板。

图 1-9

**托盘操作技巧**

1）盘内物品增减时，托盘手指要随时根据盘内物品重量变化而做相应的调整，以保持托盘的平稳，一般在右手取放物品的同时进行。

2）托盘斟酒时，左手托盘不能越过客人的头顶，应将左手向外侧延伸，并保持平稳，否则容易发生碰撞。要保持托盘向外延伸的平稳，可以采取调节手腕角度的方法，如图 1-10 所示。

3）轻托撤台时，要随时注意盘内物品的摆放，一般应分类摆放，餐盘等重物放在后面，筷勺等较轻的放在前面，这样既显得整齐，又比较安全。

图 1-10

## 知识链接

**行走步伐的种类**

行走步子一般应根据所托物品的需要而定：

（1）常步：常规步伐，适宜托送一般物品。

（2）疾步：快步，较快的步伐，但不同于跑步。适宜托送急需物品，如火候菜肴，在保证菜肴不变形、汤汁不洒、安全平稳的前提下，以最快的行走速度将物品托送到位。

（3）碎步：小步，小步幅的中速行走。适宜托送汤汁多的菜肴及重托物品。采用这种步伐行走，可保持上身平稳及减少手臂的过大摆动，从而保持所托物品的平稳。

（4）垫步：又称辅助步。这种步伐能使身体呈略微向前的姿势，以便平稳地将物品放下。如托送物品到餐台前欲将所托物品放于餐台上时，应采用垫步。

（5）巧步：技巧步，是指超出常规行走的、灵活多变的步伐。在托送行走时，突然遇到意外或障碍时宜用巧步。

6．卸盘

轻托卸盘时右手扶住盘边，略弯腰，左手位于与桌面平齐位置，将托盘前沿一端搁在桌面上，用右手握住托盘边沿，双手同时轻轻地将托盘平稳地推至桌面上，托盘边沿不露于桌面以外，松开双手，直起身体，如图 1-11 所示。

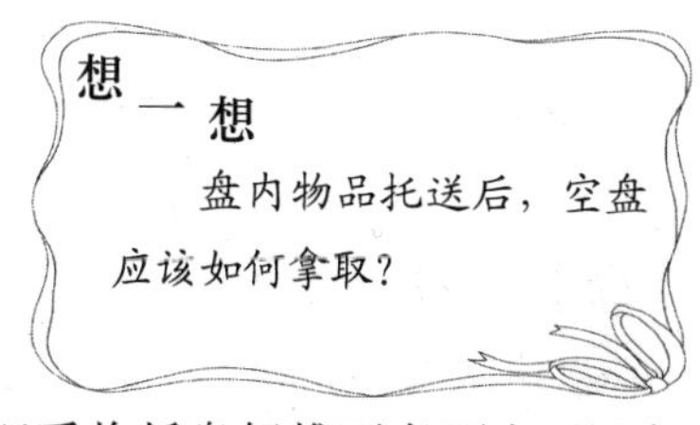

想一想

盘内物品托送后，空盘应该如何拿取？

重托卸盘时用右手扶住托盘边沿，将手腕向前转动，同时左臂恢复到胸前托盘位置，将托盘前沿轻轻搭在桌面上，双手将托盘轻推至桌面上。托盘边沿不露出桌面以外。

图　1-11

## 技能训练

轻托训练要求学生熟练掌握，重托训练要求学生会操作即可。

### 一、训练步骤

1．教师先对轻托进行理盘、装盘、起托、站立、行走和卸盘的示范，并讲解训练要求。

2．学生以小组为单位进行模仿学习和训练。

3．小组中 1 人进行理盘、装盘、起托、站立、行走和卸盘练习，1 人协助，另外 2 人参照技能考评标准进行评议和纠错，以此训练方式 4 人轮流练习。

4．教师根据学生学习和训练的情况进行巡回检查和辅导。

5．为提高学生的训练兴趣，可以开展以小组为单位的分段程序和全程序的操作竞赛。

6. 学生学会了托盘操作后，再以中级工的技能考核要求训练他们的托盘技能技巧及平稳性。

### 二、训练内容

1．理盘训练

用餐巾和专用的盘布对不同材质的托盘进行理盘，要求清洁、整齐、美观。

**2．装盘训练**

根据装盘原则对不同的餐具进行装盘，要求装盘得当，物品摆放整齐，重量分布均匀，物与物之间有一定间隔。

**3．起托和托盘站立训练**

按轻托操作程序进行理盘、装盘、起托、托盘站立操作，要求托姿正确、轻松、优雅。

（1）托砖块或沙袋：练习左手臂的臂力，待臂力加强后进入下一步训练。

（2）托空酒瓶：先托一个空酒瓶，熟练后逐步增加空酒瓶数量，练习托盘站立的姿态和平稳性。

（3）托装水的酒瓶：先托一个装水酒瓶，熟练后逐步增加装水酒瓶数量，练习托盘站立的姿态和平稳性。

（4）托装水的饮料杯：先托一个装水饮料杯，熟练后逐步增加装水饮料杯数量，练习托盘站立的姿态和平稳性。

**4．托盘行走训练**

以托送 1～2 个啤酒瓶（内装水）进行托盘行走训练。

按轻托操作程序进行理盘、装盘、起托、托盘，要求托姿正确、轻松、优雅。行走时要保持肩平头正，上身挺直，目视前方，步履轻快，托盘不贴腹，托盘的手腕要轻松灵活，上臂不可紧贴身体，随着走路的节奏自然摆动，切忌僵硬死板。

（1）托盘平地行走：先托送一瓶酒平地行走，熟练掌握后，托送两瓶酒，练习托盘行走的平稳性。

（2）托盘上下楼梯：先托送一瓶酒上下楼梯，熟练掌握后，托送两瓶酒，练习托盘上下楼梯行走的平稳性。

（3）托盘障碍行走：先托送一瓶酒练习障碍行走，熟练掌握后，托送两瓶酒，练习托盘障碍行走的平稳性。

练习方法：每组学生按纵向排队，每人间隔 100～150cm，进行托盘站立练习，同时每组有一名学生进行托盘行走避让练习，按照 S 形从排头走到排尾，依次轮流进行。

（4）托盘向外延伸的训练：掌握托盘站、行、走的操作后，再进行托盘向外延伸的训练。托送一瓶酒的向外延伸，熟练掌握后，托送两瓶酒。

练习方法：左手托盘小臂与胸前角度成 90° 角，逐渐向左外侧延伸使小臂与胸前成 180° 角，再由 180° 角平移回 90° 角，依次反复练习。动作要求：左臂延伸时，托盘手腕角度作适当的调整，身体角度不随之移动。托盘向外延伸时速度不要过快，以托盘内物品平稳不晃动为标准，如图 1-12 所示。

图 1-12

（5）托盘拾物的训练：托盘拾物时上身保持直立，双腿弯曲下蹲，左手托盘保持平稳，右手拾物。

（6）托盘撤换餐具：掌握托盘行走操作后，再进行托盘撤换餐具的训练。以撤换骨碟、汤碗、筷子为例进行训练，左手托盘，右手进行撤换，要求托盘内的物品摆放整齐均匀，手指随盘内物品重量的变化而不断调整位置，以保持托盘的平稳。

**5．卸盘训练**

托盘行走练习结束时，进行卸盘练习。要求托盘行走即将到达目的地时放慢行走速度，平稳站立于工作台前，左腿在前，身体稍向前倾，将托盘前沿搭放于工作台上，并用右手扶住托盘边沿，辅助左手顺势将托盘平稳推放于工作台上，卸盘时操作要慢、轻、稳，注意掌握好托盘的平衡，避免盘内物品倾倒。

## 三、训练注意事项

1．注意训练强度不易过大，应符合学生实际能力。
2．托盘时拇指不能从上面抠住托盘边沿，以免影响托盘姿势的美观和礼貌。
3．有序组织训练，防止意外情况发生。
4．注意对酒瓶等易碎物品的使用。
5．力量练习时建议循序渐进，避免伤及手腕。
6．操作训练前应对学生进行安全教育。
7．为了使训练更为有效，可以开展小组间的交流和比赛，相互纠正，取长补短。

托盘技能训练评价表，见表 1-2。

**表　1-2**

| 被考评人 | | | | | |
|---|---|---|---|---|---|
| 考评地点 | | | | | |
| 考评内容 | 托盘操作技能 | | | | |
| 考评标准 | 内　　容 | 分值/分 | 自我评价/分 | 小组评议/分 | 实际得分/分 |
| | 理盘 | 5 | | | |
| | 装盘 | 5 | | | |
| | 起托 | 5 | | | |
| | 托盘站立 | 5 | | | |
| | 平地行走 | 10 | | | |
| | 上下楼梯行走 | 10 | | | |
| | 障碍行走 | 10 | | | |
| | 托盘向外延伸 | 10 | | | |
| | 托盘拾物 | 5 | | | |
| | 托盘撤换餐具 | 10 | | | |
| | 卸盘 | 10 | | | |
| | 物品平稳 | 10 | | | |
| | 姿态 | 5 | | | |
| 合　　计 | | 100 | | | |

注：1．实际得分=自我评价 40%+小组评议 60%。
2．考评满分为 100 分，60～74 分为及格；75～84 分为良好；85 分以上为优秀（包括 85 分）。

## 实践·案例

**深浅盘巾**

早就听说青岛的某星级酒店服务周到细致，人性化服务很有特色。张先生特意将欢迎北京客户的宴会安排在这家酒店。众人入座开茶后，服务员托送酒水，一一为客人斟倒，细心的张先生看到服务员在整洁的托盘内垫了一块干净的浅色盘巾，心中暗想：看看这块干净的盘巾就知道今天的选择是正确的。品尝过凉菜后，客人们对菜肴的色、香、味都挺满意。热菜上桌前，服务员用托盘对餐台进行了简单整理，当服务员用托盘撤换骨碟时，张先生留意到托盘里的浅色盘巾被换成了一块深色的盘巾，同样干净整洁。这引起了张先生的好奇，他仔细观察后发现，服务员在上菜、上酒水、上新骨碟时均使用垫有浅色盘巾的托盘，而在撤客人使用过的盘碟、烟缸等物品时都会使用垫有深色盘巾的托盘。张先生把这一发现告诉了大家，大家都对这种人性化的服务方式大加赞赏，对服务员的服务十分满意。张先生看到大家如此尽兴非常高兴，心想：以后请客就定这儿了。

评析：

一块小小的盘巾，其颜色的变化，反映了不同的服务程序，这一细节深深打动了客人，体现了餐厅服务的细致入微和人性化，得到了客人的认可和好评。客人就是酒店最好的宣传员，几块小盘巾将为酒店带来良好的口碑，并不断增添像张先生一样的回头客。

思考与启示：

客人到餐厅就餐不仅仅是为了满足其物质需求，更重要的是一种精神享受，是一种令其身心愉悦的生活体验。谁能用心体会客人的需求，满足客人的情感需要，谁就能留住客人，创造良好的经济效益。以人为本，点滴尽致，是酒店服务的新模式。

## 测试题

### 一、填空题

1. 托盘操作流程包括：理盘、装盘、________、________、托盘行走、卸盘。
2. 轻托又称________。
3. 重托操作时，物品摆放不易过高，高物应________放于托盘上，防止滑落。
4. 为方便客人，托盘内摆放物品时商标应朝________。
5. 无论是轻托还是重托，服务员均应使用________手托盘。

### 二、判断题

1. 轻托时的托送重量一般不超过5kg。（　　）
2. 轻托操作装盘时，盘内物品重量分布要均匀，重心应靠近身体一侧。（　　）
3. 轻托行走时，步伐应轻快、稳重。为确保托盘平稳，托盘应位于左侧胸前，大臂紧贴身体，托盘边沿紧贴腹部。（　　）
4. 在餐厅服务工作中被广泛使用的托盘方式是重托。（　　）

5．轻托和重托的操作流程是相同的。（　　）

三、选择题

1．轻托装盘时，通常是高物、重物在托盘（　　）档，轻物、低物在（　　）档。

A．里　　B．外　　C．左　　D．右

2．托盘平托于胸前，大臂小臂成（　　）角，小臂与胸前成（　　）角。

A．30 °　　B．60 °　　C．90 °　　D．120 °

3．轻托操作程序共有（　　）个步骤。

A．4　　B．5　　C．6　　D．7

4．下列服务操作中无需使用托盘技能的一项是（　　）。

A．铺台布　　B．传菜　　C．运送酒水　　D．撤换餐碟

5．下列对轻托操作的描述不正确的一项是（　　）。

A．根据所托送物品的形状、体积和使用先后顺序，合理装盘

B．起托时用左手全掌托住盘底，将托盘平稳托于肩上

C．起托时用左手掌根部位和其余四指指尖部位托住盘底，掌心不接触托盘底部，托盘平托于胸前

D．托盘行走以菜肴汤汁不洒，物品之间不碰撞，酒水不外溢为准

# 项目二 餐巾折花训练

餐巾折花相传起源于古希腊，17 世纪后进入西方家庭，而走入中国市场只不过是近百年的事。现在我们看到的餐巾折花则是中西方文化交融的产物。据《紫禁城帝后生活》介绍，清代皇帝在用餐时也使用餐巾，当时被称做“怀挡”，是用布做成的。现在的餐饮活动中折花越来越受到重视，无论在自助餐展台、冷餐酒会、公司庆典餐会还是在各个地方举办的食品节、经贸洽谈会的展台上，都能看到精美的餐巾折花。

# 任务一　餐巾折花的基本技法训练

## 学习目标

通过折花技能的训练，使学生了解折花的基本技法在餐巾折花中的重要性，熟练掌握叠、推折、卷、穿、翻、拉、捏、掰等餐巾折花的基本技能。

## 学习准备

1. 物品准备：8 张 10 人标准餐桌、餐巾每人 1 块、长方形托盘每人 1 个、穿裥用的圆形筷子每人 1～2 根。

2. 场地准备：场地应是能容纳 30～40 人进行技能训练的实训室。

3. 分组安排：将班内学生分成若干小组，每组 4 人，其中 1 人进行折花基本技法练习，1 人辅助进行物品的准备，另外 2 人参照技能考评标准进行评议，4 人轮流练习。

4. 学时安排：4 学时。

## 理论知识

### 一、餐巾的作用

餐巾，又名口布、茶巾、茶布、席布、花巾等，各地有其不同的叫法，是餐厅中常备的一种卫生用品，又是一种装饰美化餐台的艺术品。

**1．卫生保洁**

客人在用餐时，餐厅服务员要将餐巾打开放在客人的膝上、胸前或将一小角压在客人面前的餐碟下，餐巾可用来擦嘴或防止汤汁、酒水弄脏衣物，如图 2-1 所示。

图　2-1

**2．美化席面**

餐巾折花，是餐厅服务人员美化生活的艺术创造。通过服务员灵巧的双手，精心的折叠，把一块方方正正的餐巾，变成了千姿百态的花型，使席面得以点缀美化，从而起到渲染宴会气氛、增强艺术感染力的作用。若餐巾花型与美味佳肴相互呼应，协调一致，则会收到美食美器的良好效果，如图 2-2 所示。

图 2-2

## 知识链接

台面装饰的方法除了用餐巾折花体现，还可以利用艺术插花来点缀。常见的艺术插花有：绢花、干花、鲜花等，如图 2-3 所示。

图 2-3

**3．突出主题**

餐巾花的不同花型及摆设，可以突出宴会主题和标识宾主席位。客人一步入餐厅就可以从不同的花型中辨认出自己的位置，如图 2-4 所示。

图 2-4

## 二、餐巾的种类

### 1. 按质地分类

按质地分类，餐巾可分为棉织品、化纤织品和纸质餐巾三大类。

1）棉织品餐巾吸水性较好，触感好，色彩丰富，造型效果好。但不能多次折叠，易褪色，每次洗涤需上浆，上浆熨烫后挺括，平均寿命为4～6个月。其规格为50～65cm边长的正方巾。

2）化纤织品有两种，一种为价格适中的、一次性使用的的确良，边长规格一般只有35cm。另一种被称为维萨餐巾，色泽艳丽，透明感强，富有弹性，触感好，可反复折叠，方便洗涤，不褪色并且经久耐用，可用2～3年。但吸水性差，造型效果不如棉织品，价格较高。

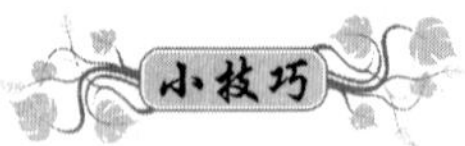


要使每个花型在摆放时都能取得理想的效果应注意以下几点：

1）高的、醒目突出的花型为主花，要摆插在主位。

2）观赏面即花型的最佳观赏角度应朝向客人，如果是动物类造型一般头部应朝右。

3）纸质餐巾是一次性使用，成本较低，一般用在快餐厅和团队餐厅。

### 2. 按颜色分类

按颜色分类，餐巾有白色与彩色两大类，如图2-5所示。白色餐巾给人以清洁卫生、恬静优雅的感觉。它可以调节人的视觉平衡，可以安定人的情绪。彩色餐巾可以渲染就餐气氛，如暖色餐巾给人以庄重热烈的感觉；中色餐巾给人以高贵典雅的感觉；冷色餐巾在夏天能给人以凉爽、舒适的感觉。

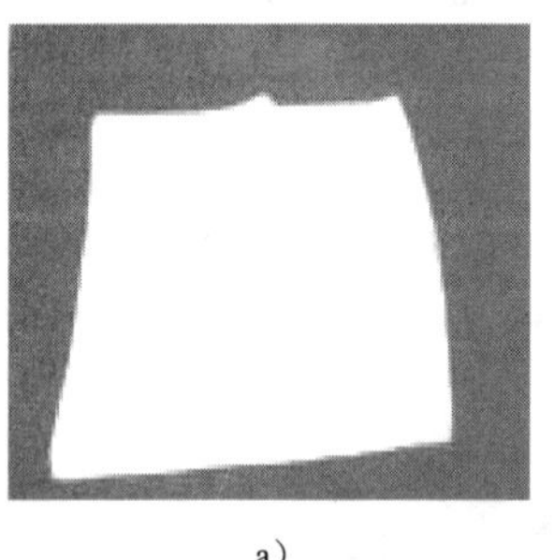

a）

b）

图 2-5

a）白色 b）粉红色

## 三、餐巾折花的基本技法

俗话说：“万变不离其宗。”餐巾折花尽管品种繁多，千姿百态，或使人眼花缭乱，或使人赏心悦目，但无论哪一种花型、哪一种方法，都有其共同的操作要领和技法，概括起来可分为叠、推折、卷、穿、翻、拉、捏、掰八种。

1．叠

叠就是将餐巾一折为二，二折为四，或折成三角形、长方形等形状。这是餐巾折花最基本的手法，几乎每种花型都要用到这种方法。叠有折叠、分叠两种，如图 2-6 所示。

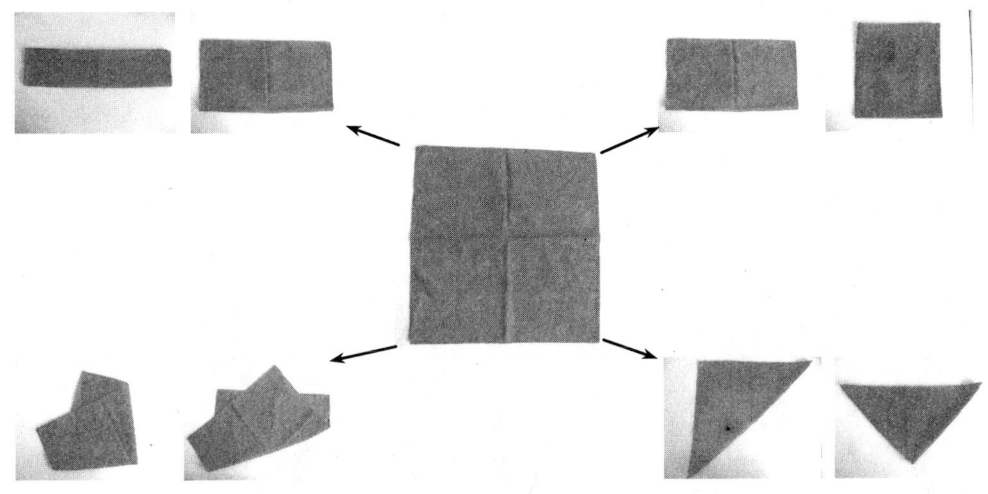

图　2-6

2．推折

推折就是将餐巾叠面折成褶裥的形状，使花型层次丰富、紧凑、美观。褶裥好坏直接影响花型的挺括美观。打褶时，用双手的拇指和食指分别捏住餐巾折叠处向前推折，用中指控制好褶裥的距离，不能向后拉褶，一般从一边向另一边推折，还可以从中间向两边推折。食指将推折的褶裥挡住，中指腾出去控制下一个褶裥的距离，三个手指如此互相配合向前推折。

推折可分为直线推折和斜线推折两种方法（见图 2-7）：两头一样大小的用直线推折；一头大一头小或折半圆形、圆弧形的餐巾用斜线推折，方法是一手固定所折餐巾的中点不动，另一手按直线推折的方法围绕中点沿圆弧形折裥。

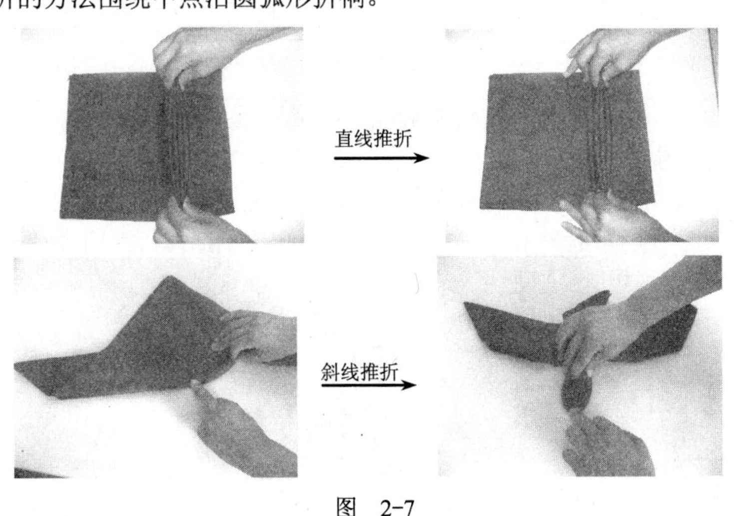


图　2-7

3．卷

卷是指将餐巾卷成圆筒状并制出各种花型的一种手法。卷分平行卷（直卷）和斜角卷（螺旋卷）两种。平行卷分单头卷、双头卷、平头卷。斜角卷分两种，一种是将餐巾一头固定，卷另一头；另一种是将一头多卷，另一头少卷，使卷筒一头大，一头小。不管是哪一种卷，都要卷得紧凑、挺括，否则会因松软无力、弯曲变形而影响造型。卷的方法及造型如图 2-8 所示。

在打褶时，两个大拇指相对成一线，指面向外，指侧面按紧餐巾向前推折，这样形成的褶比较均匀。

推折时应在干净光滑的台面或干净的托盘上进行。

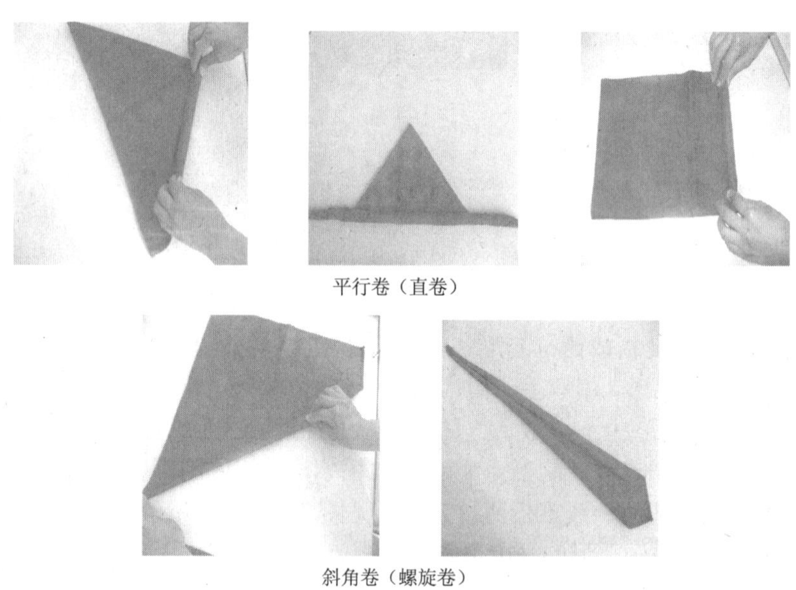

平行卷（直卷）

斜角卷（螺旋卷）

图 2-8

4．穿

穿是用工具从餐巾的夹层折缝中边穿边收，形成皱折，使造型更加美观的一种手法。操作时将餐巾先折好后攥在左手掌心内，用筷子一头穿进餐巾的褶缝里，另一头顶在自己身上，然后用右手的大拇指和食指将筷子上的餐巾一点一点往里拉，边穿边收，形成皱折，直至把筷子穿出餐巾为止。穿好后先把餐巾花插入杯子内，再把筷子抽掉，否则容易松散。根据需要，一般只穿 1～2 根筷子，如图 2-9 所示。

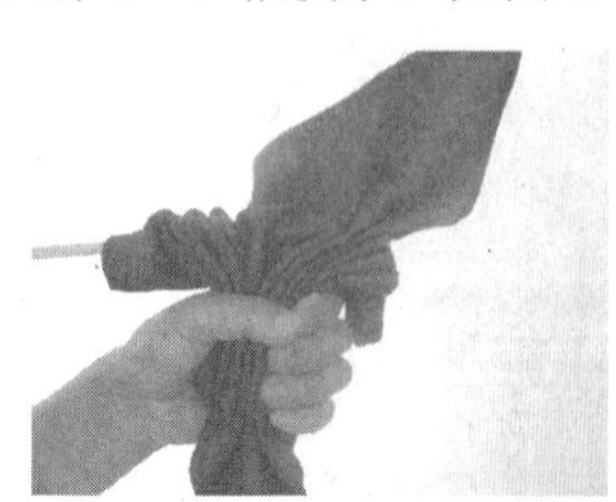

图 2-9

5．翻

翻是将餐巾折、卷后的部位翻成所需花样，大多用于折花鸟造型。操作时，一手拿餐巾，一手将下垂的餐巾翻起一只角，翻成花卉或鸟的头颈、翅膀、尾部等形状。翻花叶时，要注意叶子对称，大小一致，距离相等。翻鸟的翅膀、尾部、头颈时，一定要翻挺，不要软折，如图 2-10 所示。

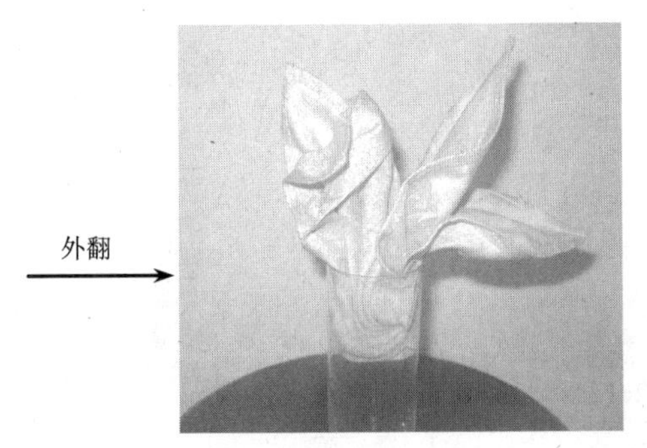

图　2-10

6．拉

拉一般是在餐巾花瓣成形时进行，常常与翻的动作相配合。在翻折的基础上为使造型挺直，往往就要使用拉的手法。如折鸟的头颈、翅膀、尾部，花的茎、叶等，通过拉使折巾的线条曲直鲜明，花型就显得挺拔，有生气。操作时把半成形的餐巾花攥在左手中，用右手拉出一只角或几只角来。在翻拉花瓣、叶子及鸟的翅膀时，一定要注意左右前后大小一致，比例适当，距离对称，造型挺括，如图 2-11 所示。

7．捏

捏主要用于折鸟的头部造型。操作时先将餐巾的一角拉挺做颈部，然后用一只手的大拇指、食指、中指捏住鸟颈的顶端，食指向下，将巾角尖端向里压下，用中指与拇指将压下的巾角捏出尖嘴状，作为鸟头，如图 2-12 所示。

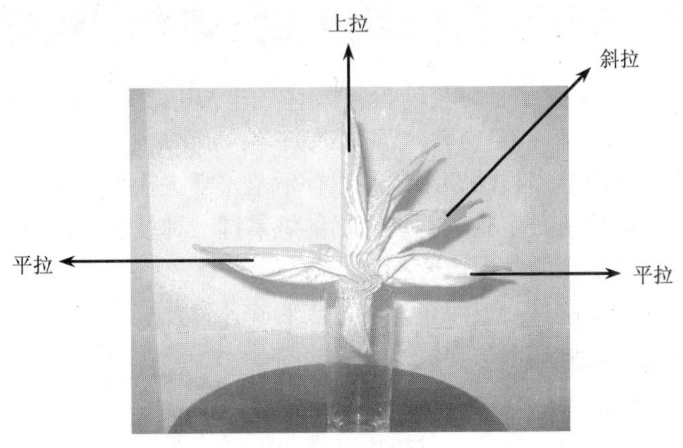


图　2-11

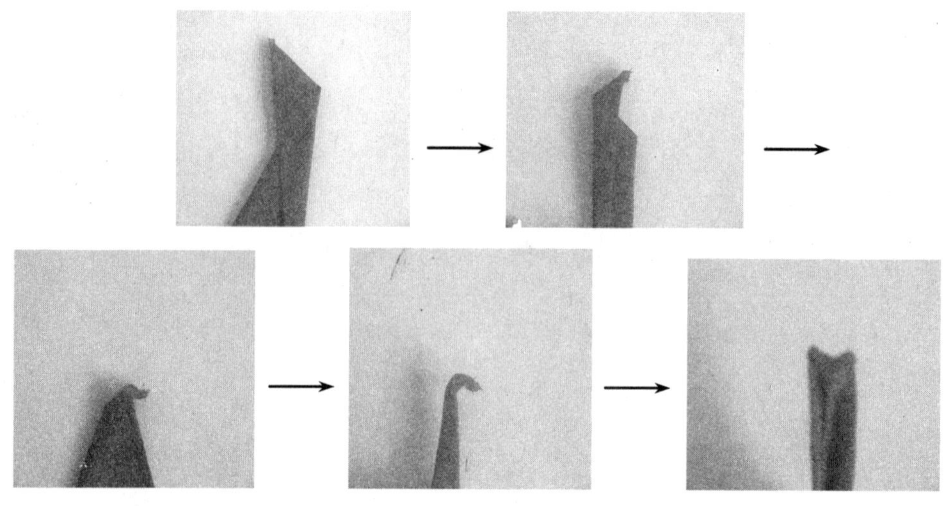

图 2-12

8．掰

掰是将餐巾做好的褶用右手一层一层掰出层次，形成花蕾状，使花型层次分明、丰富、饱满。掰时不要用力过大，以免松散，如图 2-13 所示。

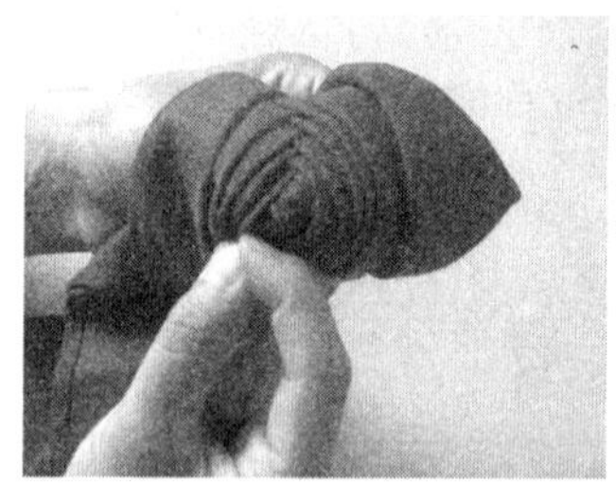

图 2-13

反复地练习、熟练地掌握这些基本技法，达到技艺娴熟，运用自如，加上从生活中得来的丰富想象力，就能触类旁通，举一反三，更新和创造出许多美丽、别致的餐巾折花来。

## 技能训练

### 一、训练步骤

1．教师根据餐巾折花的基本技法要求逐步进行示范，学生模仿练习。

2．学生对常用的折花技法分步骤进行训练，熟练掌握一种技法后，再练下一种技法。

3．检查学生基本技法要领的掌握情况。

1）小组内成员相互之间进行互查纠正，进一步明确各种技法的动作要领。

2）小组内派代表进行成果展示与交流。

3）教师根据学生训练情况进行巡回检查和辅导。

4．为提高学习兴趣，可自由组合、分组进行餐巾折法比赛，评出基本技法能手。

## 二、训练内容

1．叠

要领：要熟悉基本造型，叠时看准折缝线和角度一次叠成，避免反复。

2．推折

要领：折时拇指、食指紧紧握裥，不能松开，中指控制间距将餐巾向前推折，要求两边对称地折裥，一般应从中间向两边折，折出的褶裥均匀整齐。所折的裥要求距离相等，高低、大小一致。每裥的宽度根据花型的不同而有所区别，一般在 2cm 左右。

3．卷

要领：卷紧、卷挺。平行卷要求两手用力均匀，一起卷动，餐巾两边形状必须一样。斜角卷要求两手能按所卷角度的大小，互相配合好。

4．穿

要领：筷子要光滑，拉折要均匀。穿好的褶裥要平、直、细小、均匀。遇到双层穿裥时，如“孔雀开屏”，一般应先穿下面，再穿上面，这样两层之间的褶裥不易被挑出散开，造型饱满，富有弹性，更加逼真美观。

5．翻

要领：注意大小适宜，自然美观。

6．拉

要领：用力要均匀，不要猛拉，否则会损坏花型，前功尽弃。

7．捏

要领：棱角分明，鸟类造型的头顶角、嘴尖角要到位。

8．掰

要领：层次分明，间距均匀。

> **小建议**
>
> 每一种基本折叠技法都能进行创新花型，怎样做到创新花型的简单、美观、实用呢？可根据课上所学内容尝试一下。

## 三、训练注意事项

1．操作前双手要清洗消毒。
2．在干净的托盘或餐盘内操作。
3．操作时不允许用嘴叼咬。
4．每一种技法要练得扎实、认真、细致。
5．在训练时先练习简单的折叠技法再进行复杂的练习。

## 学习评价

餐巾折花基本技法训练评价表，见表 2-1。

表 2-1

| 被考核人 | | | | | |
|---|---|---|---|---|---|
| 考评地点 | | | | | |
| 考核内容 | 折花的基本技法 | | | | |
| 考核标准 | 内　　容 | 分值/分 | 自我评价/分 | 小组评议/分 | 实际得分/分 |
| | 折叠时一次叠成 | 10 | | | |
| | 推折的褶裥均匀整齐 | 10 | | | |
| | 卷时用力均匀，卷紧、卷挺 | 10 | | | |
| | 穿好的褶裥要平、直、细小、均匀 | 10 | | | |
| | 翻时注意大小适宜，左右对称，自然美观 | 10 | | | |
| | 拉时左右前后大小比例适当，距离对称 | 10 | | | |
| | 捏时棱角分明，头顶角、嘴尖角到位 | 10 | | | |
| | 掰时层次分明，间距均匀 | 10 | | | |
| | 操作时不用嘴叼咬 | 10 | | | |
| | 操作后报出所用到的每一种技法 | 10 | | | |
| 合　　计 | | 100 | | | |

注：1. 实际得分=自我评价 40%+小组评议 60%。

2. 考评满分为 100 分，60～74 分为及格；75～84 分为良好；85 分以上为优秀（包括 85 分）。

# 任务二　餐巾花的折叠训练

## 学习目标

通过技能训练，使学生了解餐巾的作用、餐巾花的种类、餐巾折花在餐厅服务中所起到的作用及其重要性，熟练掌握所学的 30 余种盘花、杯花的折叠方法及花型选择与摆放，并根据课上所学的技法与方法进行创新花型的设计。

## 学习准备

1. 物品准备：8 张 10 人标准餐桌，餐巾每人 5～10 块，每人 1 个方底托盘或圆形的大尺寸磁盘，若干口杯、骨碟和筷子。

2. 场地准备：应是能容纳 30～40 人进行技能训练的实训室。

3. 分组安排：将学生分成若干小组，每组 4 人，其中 1 人进行折花练习，1 人辅助进行物品的准备，另外 2 人参照技能考评标准进行评议，以此 4 人轮流练习。

4. 学时安排：12 学时。

## 理论知识

### 一、餐巾折花的种类及特点

餐巾折花的种类繁多，一般可以有以下两种分法。

（1）按餐巾花的折叠方法和放置工具的不同分类：可分为杯花、盘花和环花三种。

1）杯花在杯中保持完整，出杯花形即散。杯花手法复杂，折叠时间长，在使用时折痕平整性较差，也容易造成污染，所以目前杯花已较少使用。杯花造型逼真，立体感强，如图 2-14 所示。

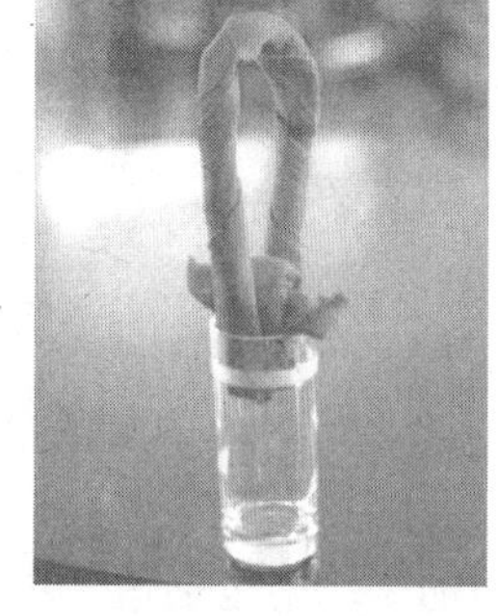

图　2-14

2）盘花造型完整，成型后不易自行散开，可放于盘中或其他盛器及桌面上。因盘花简洁大方，手法简单，折叠时间短，不容易产生折痕，美观适用，所以盘花呈发展趋势，常见花型如图 2-15 所示。但盘花也有造型单一、品种少的缺点。

图　2-15

3）环花是近年来出现的，它是将餐巾平整卷好或折叠成造型，套在餐巾环内。餐巾环也称餐巾扣，有瓷制、金属制（金、银或不锈钢）和塑料制等。此外，餐巾环也可以用色彩鲜明、对比感较强的丝带或尼龙搭扣代替，将餐巾卷成造型，中央系成蝴蝶结状，然后配以鲜花。餐巾环花通常放置在装饰盘或餐盘上，特点是传统、简洁和雅致，如图 2-16 所示。

图　2-16

（2）按餐巾花外观造型分类：可分为植物类造型、动物类造型和实物类造型。

1）植物类造型是根据植物花形造型，如月季花、绣球花等。也有根据植物的茎、果实造型的，如枫叶、雨后春笋、玉米等，如图 2-17 所示。

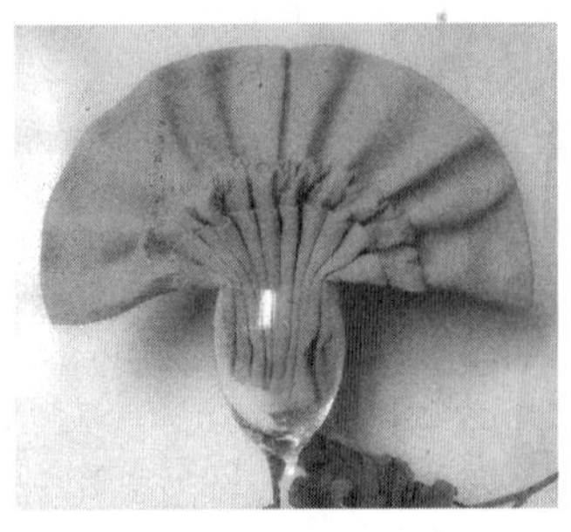

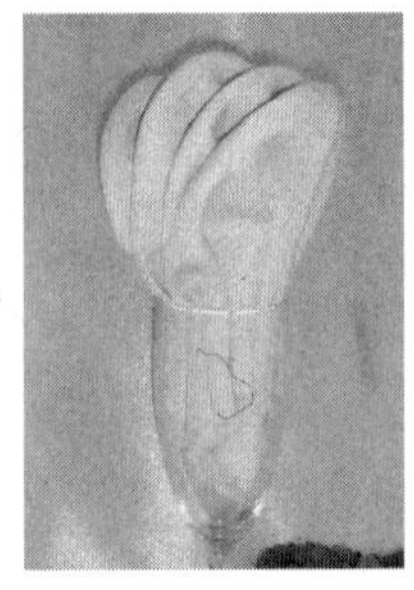

图 2-17

2）动物类造型包括鱼、虫、鸟、兽。动物类造型有的取其整体，有的只取其局部特征，如象鼻、兔耳等，形态逼真，生动活泼，如图 2-18 所示。

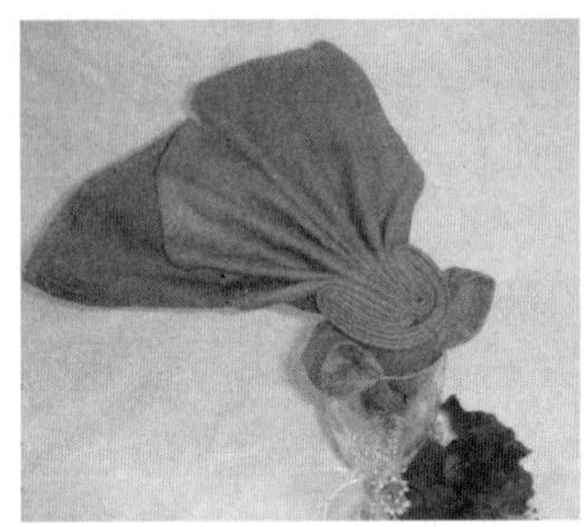

图 2-18

3）实物类造型是指模仿日常生活用品中各种实物形态折叠而成，如帽子、领带、折扇等，如图 2-19 所示。

图 2-19

## 二、餐巾折花造型的选择

餐巾折花造型的选择，一般应根据宴会的性质、规格、规模、季节、来宾的宗教信仰、风俗习惯等因素进行考虑，以取得协调美观的效果。具体的原则有以下几个方面：

（1）根据宴会的性质、规格选择色彩、质地和花型：朋友之间的欢送宴会，应选择一些能寄托对友人旅途平安、事业有成等祝福的花型，如一帆风顺、大鹏展翅等；婚嫁喜庆酒席可选择一些能烘托出吉祥、喜庆、和谐气氛的花型，如鸳鸯、喜鹊；为客人祝寿选择仙鹤、寿桃等，如图 2-20 所示。

图　2-20

（2）根据宴会的规模选择花型：大型宴会可选择简单、快捷、可提前折叠的盘花。小型、高规格的宴会可以选用餐巾环花，如图 2-21 所示。

图　2-21

（3）根据宴会的季节选择花型：用台面上的花型反映春夏秋冬四季的特色，也可以有意地选择象征一个美好季节的整套花形，如春天选用迎春、春兰等花型；夏天选用荷花、玉兰等花型；秋天选用枫叶、海棠、秋菊等花型；冬天选用梅花、仙人掌等花型，使之富有时令感。

（4）根据宴会来宾的宗教信仰、风俗习惯选择花型：力求“投其所好”，以示尊重。信仰佛教的，勿叠动物造型，宜叠植物、实物造型。信仰伊斯兰教的，勿用猪的造型等。日本人喜樱花、忌用荷花，泰国人喜睡莲，美国人喜山茶花，法国人喜百合花，英国人喜蔷薇花，澳大利亚人喜爱金合欢花等。

1）大型宴会餐巾花的选择可以每桌选用一种花型，每桌的主位可以折不同的花型，统一中有区别，使每个台面花型不同，显得多姿多彩。如果是小型宴会，可以同一桌上使用各种不同的花型，也可以 2～3 种花型相间搭配，这样整个宴会桌面的折花摆设就显得整齐、美观，形成既多样又协调的布局。

2）宴会选用盘花或环花时，一般选一种或两种为宜，以体现整齐划一，否则杂乱无章。

3）宴会选用杯花时，主位应稍高。

（5）根据宴会的主题选择花型：主题宴会因主题各异，形式不同，所以要设计折叠不同的餐巾花，如图 2-22 所示。

（6）根据宾主席位的安排选择花型：宴会主宾、主人席位上的花称为主花。主花要选择美观而醒目的花型，其目的是使宴会的主位更加突出，如图 2-23 所示。

图 2-22

图 2-23

餐巾花的运用绝非凭自己主观意愿，它是一门实实在在的艺术，必须根据原则，同时又要灵活机动地处理，考虑到众多的因素，在实践中细心观察，力求简便、快捷、整齐、美观、大方，这样才能做到恰到好处，取得最佳的效果。

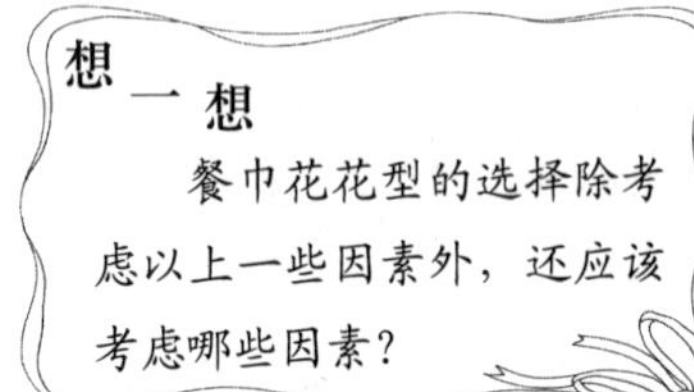

想一想

餐巾花花型的选择除考虑以上一些因素外，还应该考虑哪些因素？

## 三、餐巾折花的折叠要求

1）选择好餐巾。餐巾要干净、熨烫平整、无破损，并根据用餐的具体情况选定餐巾。

2）在折花操作前，要洗净双手（不准留长指甲），操作中不能用嘴咬餐巾，也不要多说话，以防唾沫玷污餐巾。

3）折花操作时要在干净的工作台或托盘上操作，并准备好辅助工具（筷子）。

4）折花时，要求姿态正确，手法灵活，用力得当，角度要算准，折摺要均匀，力争一次折成，以免反复折叠造成花型线条杂乱，又不符合卫生要求。折花要正确使用叠、推折、卷、穿、翻、拉、捏、掰八种方法。

5）折花要简单美观，拆用方便，造型生动，形象逼真。

你知道吗？

1）主花是摆放在主人位的餐巾花，一般要选择品种名贵、高大挺拔、精折细叠、美观醒目的花型。

2）一般来说，动物类造型的餐巾花头部朝右为最佳观赏面。

## 四、餐巾折花的台面摆设要求

1）突出正副主人位。一般的餐巾花摆插在其他客人席上。

2）花型的正面要对正席位，便于欣赏。适合正面观赏的花型如孔雀开屏，要将头部朝向客人。适合侧面观赏的花型要选择一个最佳观赏角度摆放。

3）不同花型应高低、大小搭配合理，错落有致。形状相似的花型错开并对称摆放（但同桌最好不要选择相似的花型）。动植物花型要分开摆放。

4）各餐巾花之间的距离要均匀，整齐一致。餐巾花不能遮挡台上物品，更不能影响操作。

## 技能训练

### 盘花折叠训练

#### 一、训练准备

1．物品准备：8 张 10 人标准餐桌、餐巾每人 5～10 块、每人 1 个方底托盘或圆形的大尺寸磁盘、每人 5～10 个餐碟。

2．场地准备：应是能容纳 30～40 人进行技能训练的实训室。

3．将学生分成若干小组，每组 4 人，其中 1 人进行折花练习，1 人辅助进行物品的准备，另外 2 人参照技能考评标准进行评议，以此 4 人轮流练习。

#### 二、训练步骤

1．教师根据图谱分步骤进行折叠示范，并讲解盘花的折叠要求：折叠好的盘花放于餐盘中或其他盛器及桌面上，不歪，不倒，不松散，造型完整美观。

2．学生按照要求进行模仿练习和训练。

1）小组成员先自己根据相关图示单独进行盘花折叠的练习。

2）小组内成员之间进行互查纠正，进一步明确各盘花折叠的过程。

3）小组内派代表进行成果展示与交流。

4）教师适时进行引导、指导、答疑。

5）为提高学习兴趣，可自由组合分组进行餐巾折花比赛，评出折花能手。

3．熟练掌握一种花型后，再练习下一种花型。共要学会 10 种不同的盘花。

4．熟练掌握盘花折叠技法后，再进行折叠速度的训练。

5．在 5min 内完成规定的 10 种不同造型的餐巾盘花。

#### 三、训练注意事项

1．操作前双手要清洗消毒。

2．在干净的托盘或餐盘内操作。

3．操作时不允许用其他辅助物。

4．不操作时不要玩弄餐巾布等物品。

5．在训练时先练习花型的折叠方法，掌握后再练习折叠速度，切勿操之过急。

6．摆放餐巾花时要摆正摆稳，使之挺立不倒。要注意将餐巾花的观赏面朝向客人。

7．各地根据实际情况，要求学生学会 10 种不同造型的盘花。

## 学习评价

餐巾折花盘花训练评价表，见表2-2。

表 2-2

| 被考核人 | | | | | |
|---|---|---|---|---|---|
| 考评地点 | | | | | |
| 考核内容 | 餐巾折花盘花 | | | | |
| 考核标准 | 内　容 | 分值/分 | 自我评价/分 | 小组评议/分 | 实际得分/分 |
| | 操作动作利索快捷，一次成型 | 20 | | | |
| | 折叠规范，符合卫生要求 | 10 | | | |
| | 花形挺拔逼真，造型美观 | 20 | | | |
| | 餐巾花摆放不歪，不倒，不松散 | 20 | | | |
| | 最佳观赏面朝向客人 | 10 | | | |
| | 操作完成后报出花名 | 20 | | | |
| | 5min内完成10种不同的盘花 | 每超时0.5min扣2分 | | | |
| 合　计 | | 100 | | | |

注：1. 实际得分=自我评价40%+小组评议60%。
2. 考评满分为100分，60～74分为及格；75～84分为良好；85分以上为优秀（包括85分）。

## 杯花折叠训练

### 一、训练准备

1. 物品准备：8张10人标准餐桌、餐巾每人5～10块、每人1个方底托盘或圆形的大尺寸磁盘、每人穿裥用的圆形筷子1～2根、每人5～10个口杯。

2. 场地准备：应是能容纳30～40人进行技能训练的实训室。

3. 将学生分成若干小组，每组4人，其中1人进行折花练习，1人辅助进行物品的准备，另外2人参照技能考评标准进行评议，以此4人轮流练习。

### 二、训练步骤

1. 教师根据图谱分步骤进行折叠示范，并讲解杯花的折叠要求：折叠好的杯花放入水杯或葡萄酒杯中，巾花挺拔，不松散，造型完整美观。

2. 学生按照要求模仿练习和训练。

1）小组成员先自己根据相关图示单独进行盘花折叠的练习。

2）小组内成员之间进行互查纠正，进一步明确各杯花折叠的过程。

3）小组内派代表进行成果展示与交流。

4）教师适时进行引导、指导、答疑。

5）为提高学习兴趣，可自由组合分组进行餐巾折花比赛，评出折花能手。

3．熟练掌握一种花型后，再练习下一种花型。共要学会 10～20 种不同的杯花。

4．熟练掌握杯花折叠技法后，再进行折叠速度的训练。一般在 5min 时间内完成规定的 5 种动物类和 5 种植物类或实物造型的餐巾花。折叠规定的花型尽可能包括所有折叠技法，以便学生更好地掌握 8 种折叠技法。

## 三、训练注意事项

1．操作前双手要清洗消毒。

2．在干净卫生的托盘或餐盘内操作。

3．操作时不允许用嘴叼咬。

4．不操作时不要玩弄餐巾布等物品。

5．摆放水杯时应轻拿轻放，避免碰出响声。

6．操作时，手应拿取杯座处，不能触碰杯口部位。杯花入杯时，要注意卫生，手指不允许接触杯口，不允许留下指纹。

7．摆杯花时，要慢慢顺势插入，不能乱插或硬塞，以防杯口破裂，要注意插入杯中的餐巾花要恰当掌握深度，一般在杯内高度的 2/3 处为宜。

8．摆放餐巾花时注意餐巾花的观赏面朝向客人。

9．训练要先简单后复杂，先求方法后求速度，切勿操之过急。

10．各地根据实际情况，要求学生学会 15～20 种杯花（动物类、植物类和实物类造型）。

## 学习评价

餐巾折花杯花训练评价表，见表 2-3。

表　2-3

| 被考核人 | | | | | |
|---|---|---|---|---|---|
| 考评地点 | | | | | |
| 考核内容 | 餐巾折花杯花基本技法 | | | | |
| 考核标准 | 内　　容 | 分值/分 | 自我评价/分 | 小组评议/分 | 实际得分/分 |
| | 操作动作利索快捷，一次成型 | 20 | | | |
| | 手法规范，符合卫生要求 | 10 | | | |
| | 花形挺拔逼真，造型美观 | 20 | | | |
| | 餐巾花入杯深度适宜，线条清晰 | 10 | | | |
| | 餐巾花入杯时手指不触及杯口 | 10 | | | |
| | 最佳观赏面朝向客人 | 10 | | | |
| | 操作完成后分别报出每一种花名 | 10 | | | |
| | 操作时不用嘴叼咬 | 10 | | | |
| | 5min 内完成 10 种不同的杯花 | 每超时 0.5min 扣 2 分 | | | |
| 合　　计 | | 100 | | | |

注：1．实际得分=自我评价 40%+小组评议 60%。

2．考评满分为 100 分，60～74 分为及格；75～84 分为良好；85 分以上为优秀（包括 85 分）。

## 实践·案例

**餐巾花风波**

梁先生由于工作业绩突出，受到了领导的好评，还拿了奖金，于是请几位好友到某饭店餐厅庆祝。落座时，几个人让来让去把梁先生让到了主位上。落座后，其中一位客人笑着说："老王，你搞过餐饮，你说说老梁坐的那个位置是主位吗？""应该没错，主位可以通过几种方法来判断，比如可以以门口为标准，一般来说面门为上，正对门的位置是主位；另外还有一种非常直观的判断方法，就是看餐台中的餐巾花，主位的餐巾花跟别的位子不一样，应该比别的位子上的餐巾花高一些。"听老王这么一说，大家的目光都聚集到了餐台上。"不对吧，老王，怎么桌上的餐巾花都一样啊，是你搞错了吧！"几个朋友开玩笑地说。"怎么可能？"为了找回面子，老王忙把值台的服务员小金叫了过来。了解了事情的原委，小金心想："糟了，遇见懂行的了，都怨自己疏忽大意，为了赶时间就没有折主位的高花，怎么向客人解释呢？""先生，您真是个行家，您说的没错，高花的确代表主位。看几位对我们这餐台很感兴趣，不妨我就现场演示一下主位的高花。"说着小金麻利地折了一个高花放在了梁先生的面前并说道："祝您事业步步高升！"客人们听小金这么一说也没再追究餐台的事，而都把焦点放在了老王那里，"老王，行啊，真不愧是行家！"听了几个好友的夸奖，老王开心地笑了，小金也松了一口气。

评析：

餐前准备是保证餐饮活动能顺利进行的重要环节。在餐前准备中，餐台的检查是不可缺少的项目。开餐前，服务员要确保台面餐具、器皿、服务用品、用具按餐厅规定的标准摆放，绝不能为了图省事而忽略任何一个细节。像本案例中这种情况，虽然大多数客人不具备老王这样的专业水平，但对服务细节的关注是每个服务员应有的工作态度和职业习惯，一名合格的服务人员绝不会因为客人不了解或领导不检查等借口而放松对自己的要求。案例中服务员小金为了省时间，没有按要求折叠餐巾花是错误的，但当客人指出后，她能灵活地应变却值得借鉴，她的机敏淡化了因为自己的失误而给客人带来的不悦，多少弥补了一些自己的错误。

思考与启示：

案例中提到的餐巾，又叫口布，是餐厅中常备的一种卫生防护用品，也是一种装饰美化餐台的艺术用品。美观的餐巾花能够给客人带来美的享受，同时，餐巾花又是一种无声的语言，通过餐巾花的花型可以表示客人的不同身份。所以，即便是餐巾花花型这样的细节，也要求服务人员认真对待，严格地按服务的要求和操作规范执行。

## 测试题

一、填空题

1. 餐巾花在台面上具有__________、__________，要使每个花型都能发挥作用，餐厅服务员就要了解每个花型的最佳观赏位置。

2．餐巾折花的基本技法概括起来可分为______、______、______、______、______、______、______、______八种。

3．按餐巾花的折叠方法和放置工具不同分类，可分为______、______、______三种。

4．按餐巾花外观造型分类可分为______、______、______。

5．大型宴会可选择______、______、______、______的花型。

二、判断题

1．餐巾折花是一种用餐器具，可以烘托宴会的气氛。（　）

2．餐巾花通常可分为杯花和盘花两大类，杯花适用于中餐宴会，盘花多用于西餐宴会。（　）

3．举办大型宴会时，每桌的餐巾花型要求折叠各异。（　）

4．中小型宴会的餐巾折花要精细，要做到一人一样。（　）

5．婚宴使用的餐巾花型可选“老树新芽”、“仙鹤”等。（　）

三、选择题

1．按餐巾花的外观形状分类，大体可分为（　）。

A．植物类　B．动物类　C．实物类　D．飞禽类

2．宴会摆放餐巾花时应突出（　）。

A．花型正面　B．主宾席位

C．主人席位　D．主题寓意

3．根据客人的宗教信仰和风俗习惯及爱好来选择花型，英国人喜爱（　）。

A．莲花　B．樱花　C．马蹄花　D．蔷薇花

4．餐巾折花造型的选择，一般应根据宴会的（　）、来宾的宗教信仰、风俗习惯等因素进行考虑，以取得布置协调美观的效果。

A．性质　B．规格　C．季节　D．规模

5．餐巾折花的基本技法除了有叠、折、卷、穿外，还有（　）。

A．翻　B．拉　C．捏　D．掰

# 项目三 摆台训练

摆台是餐厅服务人员的基本功，是宴会设计的重要内容。在承办酒席宴会时摆设一桌造型美观的台面，不仅为客人提供舒适的就餐席面和一套必需的就餐用具，而且能给客人以赏心悦目的艺术享受，给酒席增添喜庆气氛。

# 任务一　中餐摆台训练

## 学习目标

熟悉中餐摆台所需用具，掌握中餐宴会和零点摆台技能。

## 学习准备

1. 物品准备：以 10 人标准宴会台所需物品为例，180cm 圆形餐桌 1 张、转台 1 个、餐椅 10 把、餐台插花 1 盆、台布 1 块、餐巾 10 块、骨碟 12 个、筷架 10 个、筷子 12 双、味碟 10 个、汤碗 10 个、汤勺 12 把、葡萄酒杯 10 个、白酒杯 10 个、水杯 10 个、牙签盅 2 个、烟灰缸 5 个、台号牌 1 个。

2. 场地准备：应是能容纳 30～40 人进行技能训练的酒店餐厅或学校实训室。

3. 分组安排：将学生分成若干小组，每组 4 人；其中 1 人进行摆台练习，1 人辅助上转台和物品的准备，另外 2 人参照技能考评标准进行评议，以此 4 人轮流练习。

4. 学时安排：14 学时。

## 理论知识

### 一、中餐餐台种类及规格

**1．圆台**

圆台的规格大小不同，其直径有 120cm、140cm、160cm、180cm、200cm、220cm、240cm、260cm 等，由于每次用餐客人的人数不同，因此应根据就餐人数选择大小适宜的餐台。餐台规格与人数的关系见表 3-1。

表　3-1

| 餐台规格（直径/cm） | 120 | 140 | 160 | 180 | 200 | 220 | 240 | 260 |
|---|---|---|---|---|---|---|---|---|
| 适合人数/人 | 4 | 6 | 8 | 10 | 12 | 14 | 16 | 18～20 |

**2．方台**

方台规格有 90cm×90cm、100cm×100cm、110cm×110cm 三种。一般情况下，1～2 位客人宜选用 90cm×90cm 的方台，3～4 位客人宜选用 100cm×100cm 的方台；如果是正式宴会，4 位客人宜选用 110cm×110cm 的方台。

## 知识链接

中餐大型宴会中的餐台往往很多，为突出主桌，可根据宴会主题和会场情况采用以下方法：

1）把主桌放在正对会场门口且显眼的位置。

2）把主桌放在众多餐台中间。

3）采用型号大于其他餐台型号的餐台作为主桌。

4）采用有别于其他餐台的台布来装饰主桌。

5）采用造型和风格明显有别于其他餐台的餐台插花来装饰主桌。

## 二、台布的种类及规格

### 1. 台布的种类

台布的种类很多，因纯棉台布吸湿性能好，大多数餐厅均使用纯棉提花台布。台布的图案有团花、散花、工艺绣花及装饰图案等。台布的颜色有白色、黄色、粉色、红色、紫色、绿色等。台布颜色的选择应根据餐厅风格、环境、装饰及宴会的主题而定。台布的形状大体有三种：正方形、长方形和圆形。正方形常用于方台或圆台，长方形则多用于西餐各式餐台，圆形主要用于中餐餐台。

小知识

中餐宴会除了用台布美化餐台外，还可用各式桌裙对餐台作进一步的美化。桌裙的种类主要有三种类型，即波浪形、手风琴形和盒形。较为华丽的桌裙还附加不同类型的装饰布件，如花边或短帷幔；同时，对椅子也加上配套的椅套，以显高贵、华丽、整洁、美观，如图 3-1 所示。

图　3-1

### 2. 台布的规格

台布的规格大小有多种，经常使用的有 140cm×140cm、160cm×160cm、180cm×180cm、200cm×200cm、220cm×220cm、240cm×240cm、260cm×260cm 等的台布。台布的大小应与餐桌相配，应根据餐台的大小选择适当的台布，一般正方形台布四边下垂部分的长度以 20～30cm 为宜。方形台布与餐台规格和人数的关系见表 3-2。

表　3-2

| 台布规格<br>（长/cm×宽/cm） | 140×140 | 160×160 | 180×180 | 200×200 | 220×220 | 240×240 | 260×260 |
|---|---|---|---|---|---|---|---|
| 餐台规格<br>（方台：长/cm×宽/cm；<br>圆台：直径/cm） | 90×90 方台 | 100×100<br>或 110×<br>110 方台 | 150 或<br>160 圆台 | 170 圆台 | 180 或 200<br>圆台 | 220 圆台 | 240 圆台 |
| 适合人数/人 | 1～2 | 3～4 | 4～6 | 6～8 | 8～10 | 10～12 | 14～16 |

## 三、台布的铺设方法

铺台布是为了餐台台面美观、洁净。中餐圆台铺台布的常用方法有以下三种。

1．推拉式

推拉式，即用双手将台布打开后放至餐台上，将台布两侧收拢后紧贴着餐台平行推出去，再拉回身体一侧。这种铺法多适用于零点餐厅和较小的餐厅，其优点是操作快速便捷。

2．抖铺式

抖铺式，即用双手将台布打开，将台布两侧收拢后提拿在双手中，身体呈正位站立式，利用双腕的力量将台布向前一次性抖开并平铺于餐台上。这种铺设方法适用于宽敞的餐厅或周围没人就座的情况。

3．撒网式

撒网式，即用双手将台布打开，将台布两侧收拢后呈右脚在前、左脚在后的站立姿势，双手将打开的台布提拿至胸前，双臂与肩平行，上身向左转体，下肢不动并在右臂与身体回转时，台布斜着向前撒出去，将台布抛至前方时，上身转体回位并恢复至正位站立，这时台布应平铺于餐台上。抛撒时，动作应自然潇洒。这种铺设方法适用于宽大场地或技术比赛。

## 四、中餐宴会座次安排和摆台程序

座次安排即根据宴会的性质、主办单位或主人的特殊要求，根据出席宴会的客人身份确定其相应的座位。座次安排必须符合礼仪规则，尊重风俗习惯，便于席间服务。

以10人正式宴会座次安排为例，一般是“以右为上”为原则。主人位于厅堂正面，即正对门的方向；副主人与主人相对而坐，即在主人的对面；主宾通常安排在主人的右侧；第二宾客可以在主人的左侧，也可以在副主人的右侧；第三宾客由第二宾客而定；在副主人的左侧通常是第四宾客；其余位置安排翻译和陪同。图3-2所示的座次安排方式比较适合整个餐台只有一个谈话中心的场合；图3-3所示的座次安排在餐台上可以同时有两个谈话中心，适用于有夫人出席的场合。

婚宴、寿宴的座次安排应根据中国传统的礼仪和风俗习惯，通常以“高位自上而下，自右而左，男左女右”为原则，这样既体现了“以右为上”的原则，同时男女搭配入座，可以活跃气氛。

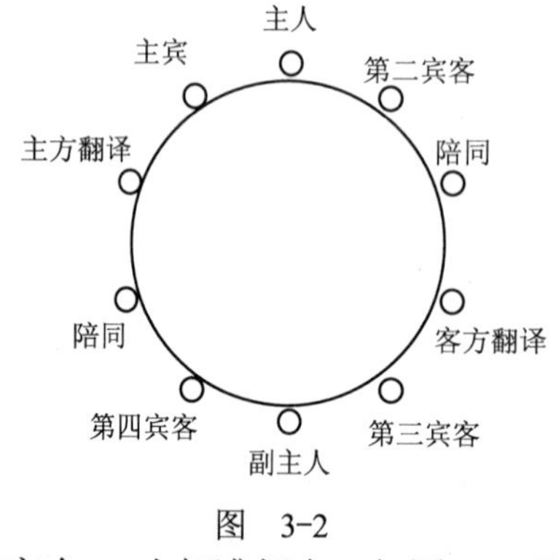


图 3-2

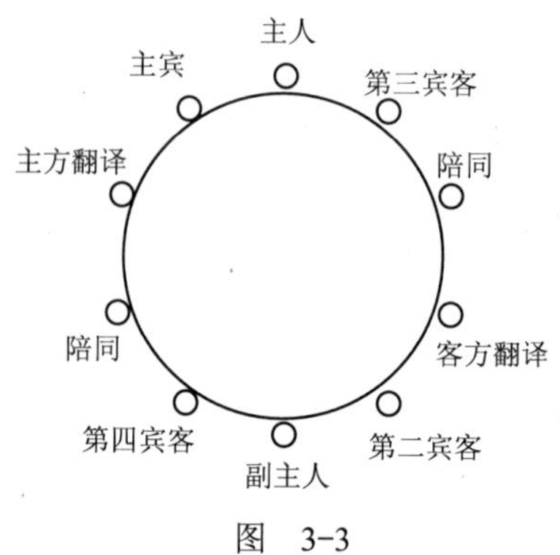


图 3-3

中餐宴会10人标准摆台，如图3-4所示。

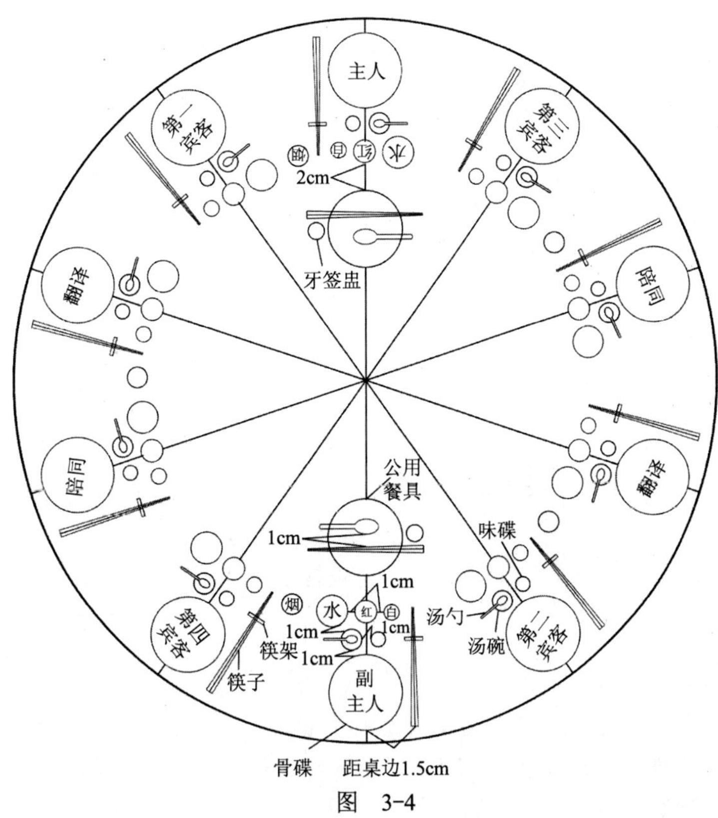


图 3-4

中餐宴会摆台的程序各地虽有不同，但都大同小异。下面按中级餐厅服务员的要求，对主要的程序作介绍，如图 3-5 所示。

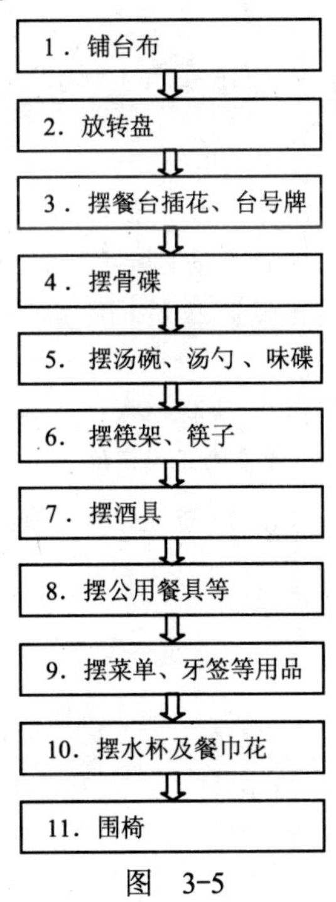


图 3-5

**1．铺台布**

铺台布的具体方法是：服务员站在餐桌的主位一侧，距餐台约 40cm 处用双手将台布抖开铺在台面上，台布正面朝上，中心线凸缝直对正、副主人席位，折缝中心居中，四角要与桌面呈直线下垂，与地面的距离相等，一般为 25～30cm 为宜。铺好的台布要求平整、无皱纹，图案花纹置于餐桌台面中心位置。在铺设过程中要求做到用力得当，动作熟练，一次到位。

小知识

台形定位一般使用桌边来定位。

1）四人方台：十字对称。

2）六人圆台：一字对中，左右对称。

3）八人圆台：十字对中，两两对称。

4）十人圆台：一字对中，左右对称。

5）十二人圆台：一字对中，两两相间。

**2．放转盘**

站在主位一侧将转盘放置在餐台面中心，要求转盘中心和餐台中心重叠。

想一想

怎样才能使台布铺得又快又好？哪种铺设方法更适合你？

**3．摆餐台插花、台号牌**

站在主位一侧将餐台插花摆放在餐桌的中心位置，高度以客人落座不遮挡视线为准。台号牌应摆放在餐台插花旁的明显处，并将台号牌的正面朝向餐厅入口处，以方便客人寻找。

**4．摆骨碟**

将餐具码好放在垫有餐巾的托盘内，左手托托盘，右手摆放，从主位开始按顺时针方向依次摆放。碟与碟之间的距离相等，碟边距桌边 1.5cm。

你知道吗？

在餐台转盘上先放置插花，可以方便骨碟的定位。

**5．摆汤碗、汤勺、味碟**

汤碗摆放在骨碟左前方距碟边 1cm 处；汤勺摆放在汤碗里面，勺柄朝左。味碟置于汤碗右侧且二者圆心在同一横向中心线上。台布主缝平分味碟与汤碗，二者相距 1cm。

**骨叠的正确定位**

十个骨叠要均匀地分布在圆台面上，可以多找几个参照物，借助参照物来帮助定位：①利用台布的折缝线来帮助定位。②利用餐台鲜花及先摆放好的餐椅协助定位。

**6．摆筷架、筷子**

筷架应横放在味碟的右侧距碟边 1cm 处，与味碟横向中心为一条线，注意造型、图案。如果是动物造型，头部应朝左摆放。筷子放于筷架上，筷子图案或文字要朝上对正，筷尾末端距桌边 1.5cm。

7．摆酒具

葡萄酒杯为定位杯，摆在汤碗和味碟之间的正前方 1cm 处且在台布主缝上，白酒杯摆在葡萄酒杯的右侧，两杯口相切距离 1cm，酒具花纹要正对客人，如图 3-6 所示。

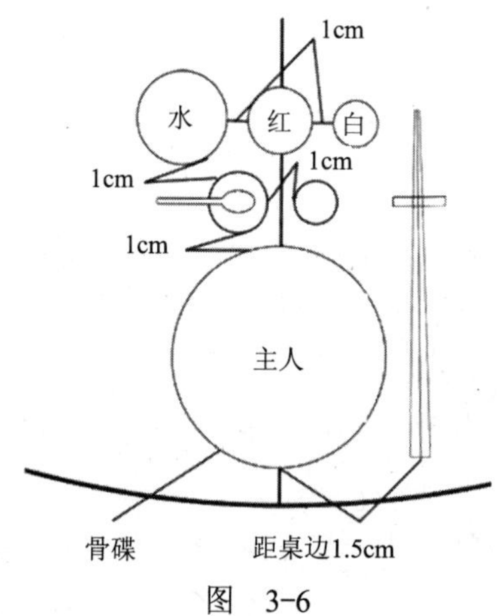


图　3-6

8．摆公用餐具等

公用碟应放在正、副主人席位的正前方，碟边距离葡萄酒杯底托2cm。公用勺放在靠近桌心的一侧，公用筷放在靠近桌边的一侧，勺柄向左、筷尾向右，呈平行状，勺与筷中间间距 1cm，筷子突出两端距公用碟边相等。

9．摆菜单、牙签等用品

菜单通常摆在餐具的右侧或立于席位正中，若是两份就摆在正副主人位。

牙签盅应摆放在公用碟的右侧，右不超出筷柄末端，前不超出公用碟边外切线。

烟灰缸从第一主人位右侧开始，每隔两个座位摆放一个烟灰缸；烟灰缸前端应在水杯的外切线上，夹烟孔呈正品字形分别朝向客人；火柴平架在烟灰缸上端，店徽向上。

**知识链接**

随着现代餐饮文化和社会文明的发展，为减少吸烟对客人身体的危害，中餐摆台时烟灰缸可以不上台面，如客人确有需求并征得其他客人同意后方可提供。

10．摆水杯及餐巾花

将叠好的餐巾花插入杯子当中，摆放于葡萄酒杯的左侧，三套杯的中心应横向成为一条直线，水杯与葡萄酒杯边缘距离 1cm。餐巾花的观赏面应朝向客人。

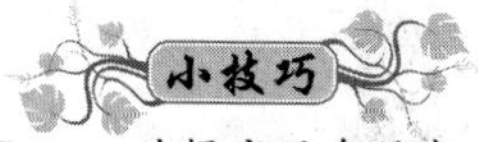


为提高服务效率，在摆台时可将物品分 5 次托送摆放：第一，托骨碟 10 个；第二，托味碟 10 个、汤碗 10 个、汤勺 10 个、筷架 10 个、筷子 10 双；第三，托葡萄酒杯、白酒杯各 10 个；第四，托公用餐具用品等；第五，托水杯 10 个（已插好折叠成形的餐巾花）。

11．围椅

双手握椅背，右膝盖轻抵椅腿，从主宾位开始，按顺时针方向依次摆放，要求餐椅椅座边沿刚好靠近下垂台布，即与台布相切。椅背中心正对骨碟中心。

## 五、中餐零点摆台

中餐零点摆台一般分为早餐摆台和午、晚餐摆台。

**1．中餐零点早餐摆台**

中餐零点早餐的摆台程序基本与中餐宴会相同，只是所用的餐具比宴会少一些而已。

骨碟摆放在座位正中，距桌边 1.5cm；汤碗摆放在骨碟的左前方距碟边 1cm 处；汤勺摆在汤碗里面，勺柄朝左；筷架应放在骨碟的右前侧，与汤碗横向中心为一条线，筷子放于筷架上，图案文字正面朝上且对正，筷尾末端距桌边 1.5cm，如图 3-7 所示。

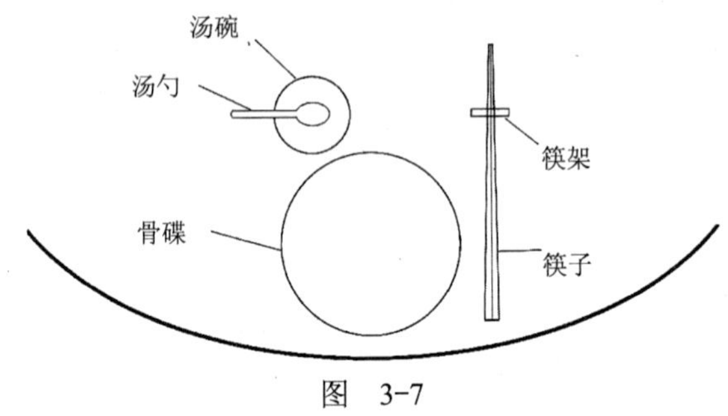


图 3-7

**2．中餐零点午、晚餐摆台**

午、晚餐的餐具摆放与早餐基本相同，只增加一个水杯。水杯内放入餐巾花或者纸巾，摆在骨碟的正前方距汤碗顶端平行相切 1cm 处；烟灰缸摆放在主人席位的右侧，每隔两个座位摆放一个烟灰缸，夹烟孔呈正品字形分别朝向客人，火柴平架在烟灰缸上端，店徽向上，其他餐酒用具等客人入座后，根据客人的需要随时增加，如图 3-8 所示。

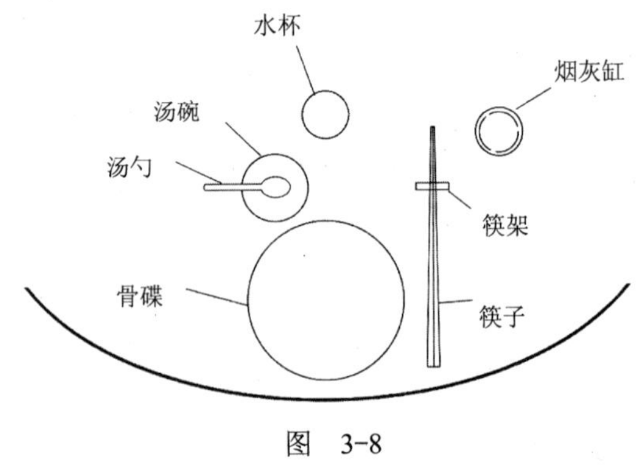


图 3-8

# 技能训练

## 一、训练步骤

1．教师根据中餐宴会摆台程序进行示范操作，然后分段进行示范。

2．学生以小组为单位进行模仿学习和训练。

3．小组中 1 人进行摆台练习，1 人辅助上转台和物品的准备，另外 2 人参照技能考评标准进行评议和纠错，以此 4 人轮流练习。

4．教师根据学生学习训练的情况进行巡回检查和指导。

5．为提高学生的训练兴趣，可以开展以小组为单位的分段程序和全程序操作竞赛。

6．学生学会了中餐宴会摆台后，再以中级工的技能考核要求训练他们的摆台速度及质量。

## 二、训练注意事项

1．铺设台布时要找准参照点一次到位，避免反复，浪费时间。

2．摆台时，物品的托送一律要使用托盘操作。

3．摆放餐具时，如有店徽标志的，必须正面朝上或朝向客人。

4．摆放餐具前，应检查所用餐具是否有破损，以免造成不必要的伤害。

5．操作时，手应拿取杯座处，不能触碰杯口部位，更不能留有手印。

6．摆放餐具时应轻拿轻放避免餐具之间碰出响声。

7．摆放餐巾花时应将餐巾花的观赏面朝向客人。

中餐宴会摆台训练评价表，见表 3-3。

表　3-3

| 被考评人 | | | | | |
|---|---|---|---|---|---|
| 考评地点 | | | | | |
| 考评内容 | 中餐宴会摆台训练 | | | | |
| 考评标准 | 内　　容 | 分值/分 | 自我评价/分 | 小组评议/分 | 实际得分/分 |
| | 台布一次抖开且平整、无皱纹 | 5 | | | |
| | 台布中心与桌心重合，下垂四角匀称 | 5 | | | |
| | 台布正面朝上，中心线凸缝正对主人位、副主人位 | 5 | | | |
| | 转盘中心与餐台中心重合 | 5 | | | |
| | 餐具摆放均匀且达到摆放标准 | 40 | | | |
| | 餐巾花挺拔，造型美观，手法卫生 | 15 | | | |
| | 餐巾花观赏面朝向客人，突出主人位 | 10 | | | |
| | 围椅均匀，座边与台布垂面相切 1cm | 10 | | | |
| | 餐台插花摆放在餐桌的中心位置 | 5 | | | |
| 合　　计 | | 100 | | | |

注：1．实际得分=自我评价 40%+小组评议 60%。

2．考评满分为 100 分，60～74 分为及格；75～84 分为良好；85 分以上为优秀（包括 85 分）。

# 任务二　西餐摆台训练

## 学习目标

熟悉西餐摆台所需用具，掌握西餐宴会和零点摆台技能。

## 学习准备

1. 物品准备：以 6 人标准宴会台所需物品为例：长方形西餐桌 1 张，餐椅 6 把，台布 2 块，主餐刀、叉各 6 把，鱼刀、叉各 6 把，色拉刀、叉各 6 把，汤匙 6 把，面包盘 6 个，黄油刀 6 把，甜食叉 6 把，甜食匙 6 把，水杯 6 个，红葡萄酒杯 6 个，白葡萄酒杯 6 个，餐巾 6 块，花瓶 1 个，烛台 2 个，盐瓶 2 个，椒瓶 2 个，烟灰缸 2 个。

2. 场地准备：应是能容纳 30～40 人进行技能训练的实训室。

3. 分组安排：将学生分成若干小组，每组 4 人，其中 1 人进行摆台练习，1 人辅助进行物品的准备，另外 2 人参照技能考评标准进行评议，以此 4 人轮流练习。

4. 学时安排：10 学时。

## 理论知识

### 一、西餐刀叉和汤匙的使用

1）西餐在使用刀叉时是非常讲究的，用西餐刀叉时通常是由外而内。也就是说，第一道菜用最外侧的餐具，然后依次向内推移，直到每件都用过为止。

2）刀叉的拿法是轻握尾端，食指按在柄上，一般为左手拿叉，右手拿刀。进餐时，如果感觉不方便，可以换右手拿叉，但更换频繁则显得粗鲁。吃体积较大的蔬菜时，可用刀叉来折叠、分切；对较软的食物可放在叉子平面上，用刀子整理一下。切东西时左手拿叉按住食物，右手执刀将其锯切成小块，然后用叉子送入口中。使用刀时，刀刃不可向外。汤匙则用握笔的方式拿持即可。

3）进餐中放下刀叉时也是有讲究的，服务人员可以通过观察客人摆放刀叉的位置了解客人的意图，判断客人的用餐情形，以及是否收拾餐具准备接下来的服务等。那么，用餐时该如何摆放刀叉呢？

① 如果在用餐中途暂时休息片刻，可将刀叉分放盘中，刀头与叉尖相对呈“一”字形或“八”字形，刀刃朝向自己，表示还要继续吃。

② 如果是谈话，可以拿着刀叉，无须放下；但若需要做手势时，就应放下刀叉，千万不可手执刀叉在空中挥舞摇晃。

4）用餐结束后，可将叉子的凸面向上，刀的刀刃向内与叉子并拢，平行放置于餐盘上。甜点餐具可摆在席位最前端，或放在右手边内侧。

## 二、餐巾的用法

进餐时，大餐巾可折起（一般对折），折口向外平铺在腿上，小餐巾可伸开直接铺在腿上。注意不可将餐巾挂在胸前（但在空间不大的地方，如飞机上可以如此）。拭嘴时需用餐巾的上端，并用其内侧来擦嘴。绝不可用来擦脸部或擦刀叉、碗碟等。

**经理访谈**

礼宾次序是安排席位的主要依据。安排席位之前要把宾主双方出席人员名单分别按礼宾次序列出来，同时还要考虑到不同国家贵宾的座次安排问题，如身份、地位相同，使用同一语言或同一专业者可安排在一起。翻译一般安排在主宾的右侧。席位安排一旦遇有特殊情况时，可灵活处理，如主宾身份高于主人，为表示对主宾的尊重，可把主宾安排在主人的位置上，而主人则坐在主宾的位置上，第二主人坐在主宾的左侧。

## 三、酒杯的拿法

正确的握杯姿势是用三根手指轻握杯脚。为避免手的温度使酒温增高，应用大拇指、中指、食指握住杯脚，小指放在杯子的底座固定。

## 四、进餐礼仪

1）每次送入口中的食物不宜过多，在咀嚼时不要说话，更不可主动与人谈话。

2）喝汤时不要啜，吃东西时要闭嘴咀嚼。不要咂嘴发出声音。如汤菜过热，可待稍凉后再吃，不要用嘴吹。喝汤时，用汤勺从里向外舀，汤盘中的汤快喝完时，用左手将汤盘的外侧稍稍翘起，用汤勺舀净即可。吃完汤菜时，将汤匙留在汤盘（碗）中，匙把指向自己。

3）吃鱼、肉等带刺或骨的菜肴时，不要直接外吐，可用餐巾捂嘴轻轻吐在叉上放入盘内。如盘内剩余少量菜肴时，不要用叉子刮盘底，更不要用手指相助食用，应以小块面包或叉子相助食用。吃面条时要用叉子先将面条卷起，然后送入口中。

4）面包应掰成小块送入口中，不要拿起整块面包咬。抹黄油和果酱时也要先将面包掰成小块再抹。

5）吃鸡时，欧美人多以鸡胸脯肉为贵。吃鸡腿时应先用力将骨去掉，不要用手拿着吃。吃鱼时不要将鱼翻身，要吃完上层后用刀叉将鱼骨剔掉后再吃下层。吃肉时，要切一块吃一块，块不能切得过大，或一次将肉都切成块。

6）不可在餐桌边化妆，不可用餐巾擦鼻涕。用餐时打嗝是最大的禁忌，万一发生此种情况，应立即向周围的人道歉。取食时不要站立起来，坐着拿不到的食物应请别人传递。

7）就餐时不可狼吞虎咽。不愿吃的食物也应要一点放在盘中，以示礼貌。主人劝客人添菜，如有胃口，添菜不算失礼，相反主人也许会引以为荣。

8）不可在进餐时中途退席。如有事确需离开，应向左右的客人小声打招呼。饮酒干杯时，即使不喝，也应该将杯口在唇上碰一碰，以示敬意。当别人为你斟酒时，如不要，可简单地说一声“不，谢谢！”或以手稍盖酒杯，表示谢绝。

9）在进餐尚未全部结束时，不可抽烟，直到上咖啡表示用餐结束时方可。抽烟时如左右有女客人，应有礼貌地询问一声“您不介意吧？”

10）进餐时应与左右客人交谈，但应避免高声谈笑。不要只同几个熟人交谈，左右客人如不认识，可先自我介绍。别人讲话不可搭嘴插话。

11）喝咖啡时如愿意可添加牛奶或糖，添加后要用小勺搅拌均匀，将小勺放在咖啡的垫碟上。喝时应右手拿杯把，左手端垫碟，直接用嘴喝，不要用小勺一勺一勺地舀着喝。吃水果时，不要拿着水果整个去咬，应先用水果刀切成4瓣或6瓣，再用刀去掉皮、核，用叉子叉着吃。

12）进餐时，不要解纽扣或当众脱衣。如主人请客人宽衣，男客人可将外衣脱下搭在椅背上，不要将外衣或随身携带的物品放在餐台上。

## 五、西餐宾主位次安排和宴会台型设计

西餐习惯男女穿插安排位次，如以女主人为准，主宾在女主人右侧，主宾夫人在男主人的右侧。也可根据客人的习惯，把主宾夫人和主宾安排在一起。

西餐宴会多采用长台，大型宴会除主台可采用圆台外，其余均采用长台。宴会采用何种台型，以及如何分布餐台要根据主办单位的需要、参加宴会的人数多少、宴会的规格及宴会厅的面积来设计台型。常见的西餐单桌宴会台型有一字形、T字形、E字形、回字形等，如图3-9所示；常见的西餐多桌宴会台型有鱼骨形、星形等，如图3-10所示。

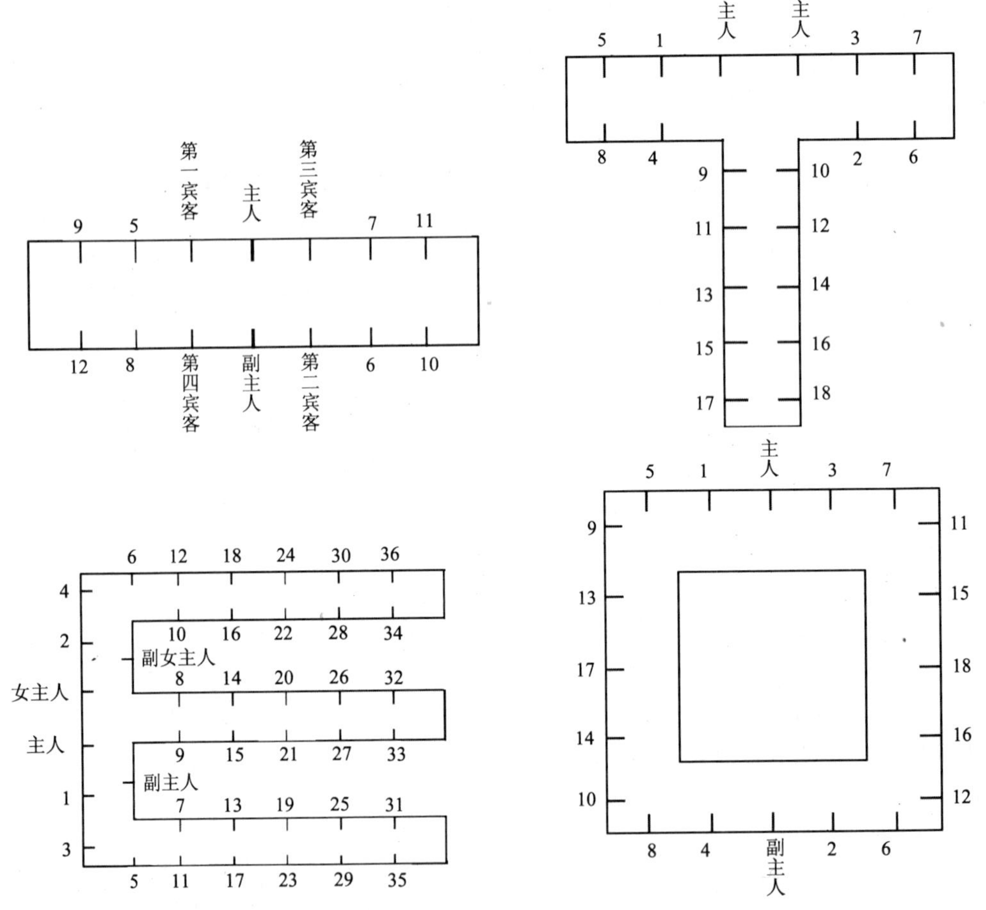


图 3-9

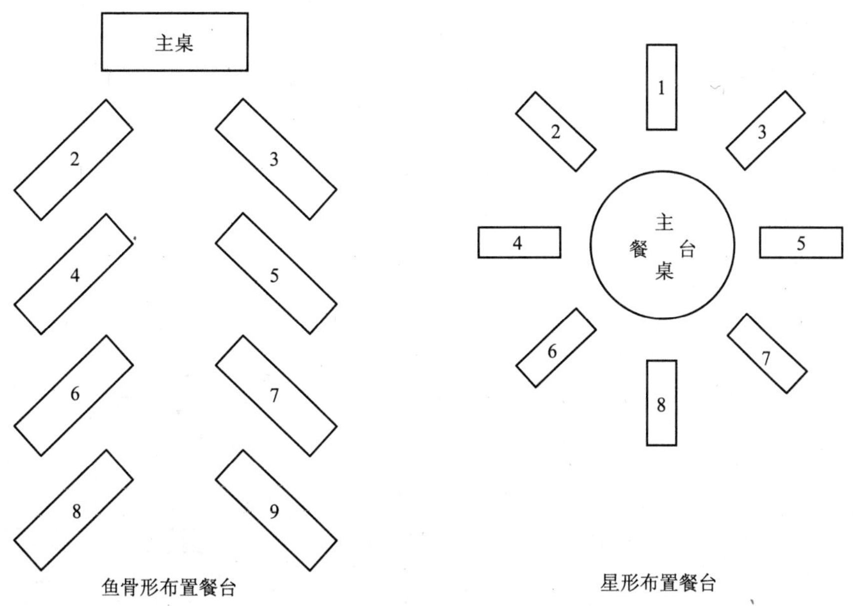


图　3-10

## 六、西餐宴会摆台

西餐宴会标准摆台，如图 3-11 所示。

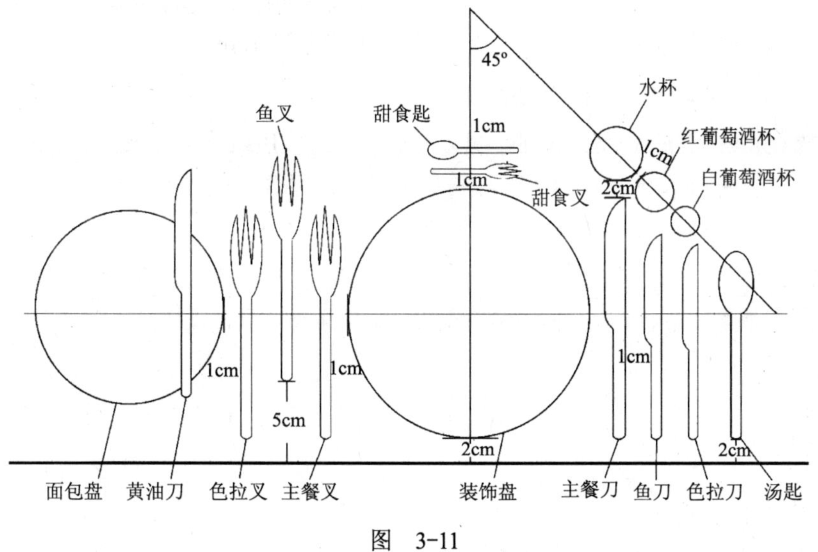


图　3-11

西餐宴会摆台程序，如图 3-12 所示。

### 1．铺台布

铺台布时，站立于餐台一侧，将台布打开，双手捏住台布两侧，将台布推出去，然后再慢慢拉向身体一侧。铺好的台布一律正面朝上，台布中心线凸缝居餐台中心。台布四周下垂部分要均匀，做到整齐美观。

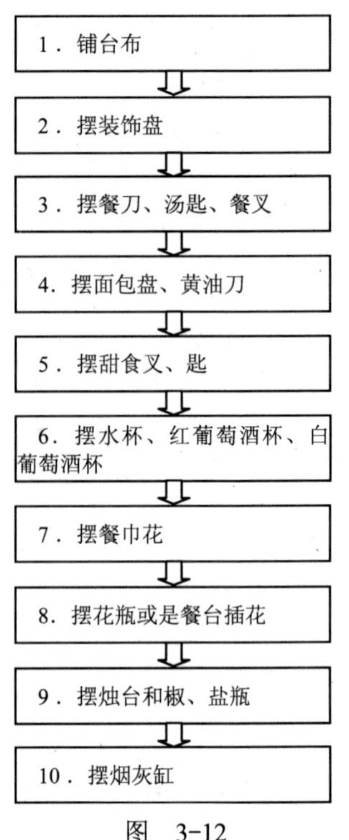

图 3-12

**2．摆装饰盘**

用托盘端托装饰盘，从主位开始按顺时针方向用右手将装饰盘摆放于餐位正前方，盘边距餐台边 2cm。

**3．摆餐刀、汤匙、餐叉**

1）主餐刀放于装饰盘右侧，刀柄与餐台边垂直，刀柄末端与餐台边相距 2cm，刀刃向左，与装饰盘相距 1cm。

2）鱼刀放于主餐刀右侧，色拉刀放于鱼刀右侧，色拉刀右侧放汤匙，餐具间距 1cm。刀柄末端距餐台边均为 2cm。

3）主餐叉放于装饰盘左侧，距餐台边 2cm，与装饰盘相距 1cm。

4）鱼叉放于主餐叉左侧，距主餐叉 1cm，距餐台边 5cm。

5）色拉叉放于鱼叉左侧，距鱼叉 1cm，距餐台边 1cm。

**4．摆面包盘、黄油刀**

1）面包盘摆放在色拉叉左侧，与色拉叉相距 1cm，面包盘的中心与装饰盘的中心在同一水平线上。

2）黄油刀摆放在面包盘内右边 1/3 处，刀刃向左并与其他刀叉平行。

**5．摆甜食叉、匙**

1）甜食叉摆放在装饰盘正前方，平行摆放，甜食叉靠近装饰盘，叉柄向左距装饰盘边 1cm。

2）甜食匙摆放在甜食叉正前方，匙柄向右，距甜食叉 1cm。

**6．摆水杯、红葡萄酒杯、白葡萄酒杯**

水杯摆放在主餐刀正上方 2cm 处，杯底中心在主餐刀中心线上；红葡萄酒杯摆放在水杯的右下方，杯底中心与水杯中心的连线与餐台边成 45° 角，杯肚间距 1cm；白葡萄酒杯摆放在红葡萄酒杯的右下方，其他标准与红葡萄酒杯相同。

**7．摆餐巾花**

餐巾折花放于装饰盘内，花型要搭配适当，突出主位。

**8．摆花瓶或是餐台插花**

花瓶或餐台插花应摆放在餐桌的中心位置且距四边均匀，鲜花高度距离台面不超过 30cm，以客人落座不遮挡视线为准。

**9．摆烛台和椒、盐瓶**

西餐宴会一般摆两个烛台，烛台摆放在台布的中线上，位于花瓶两侧，等距对称摆放。椒、盐瓶要放在台布的中线上按左椒右盐对称摆放，间距 1cm。两套椒、盐瓶分别摆放于烛台的两侧，距烛台 5cm，如图 3-13 所示。

**10．摆烟灰缸**

放于正、副主人位的正前方，烟灰缸的中心在台布的中线上，距椒、盐瓶底 2cm，火柴平架在烟灰缸上端，店徽向上，如图 3-13 所示。

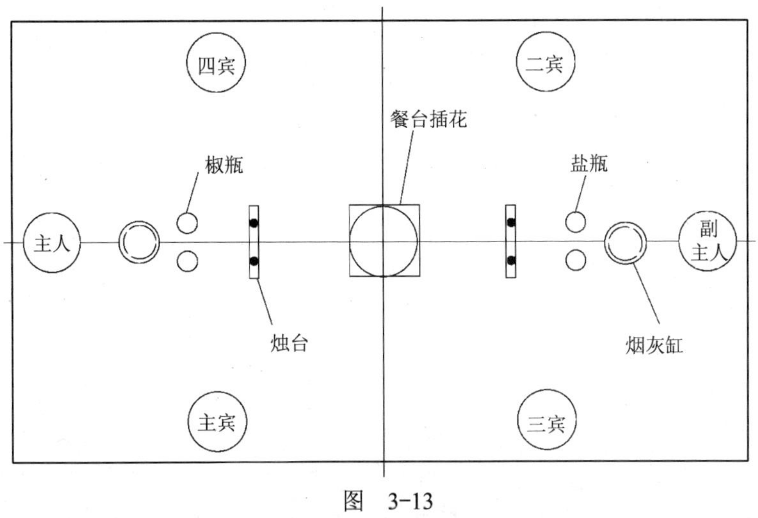


图 3-13

## 七、西餐零点摆台

西餐零点摆台程序与西餐宴会相同，只是所使用的餐具少一些而已。西餐零点餐摆台一般分为早餐摆台和午、晚餐摆台。

### （一）西餐零点早餐摆台（见图 3-14）

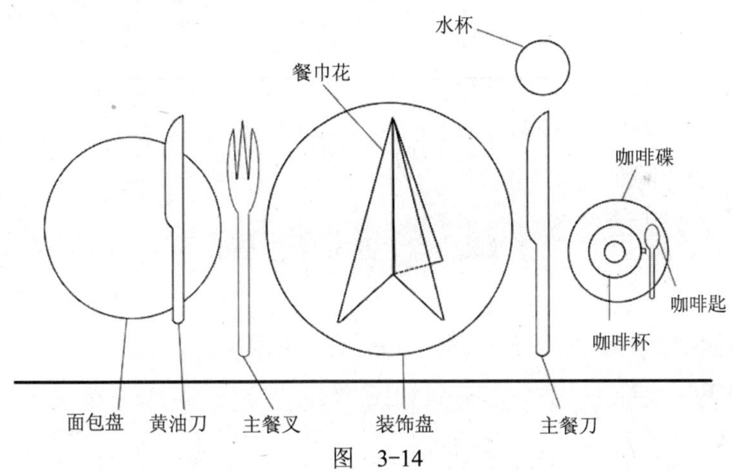


图 3-14

**1．摆装饰盘**

西餐早餐一般多在咖啡厅进行，在台布铺好后，从主位开始摆放装饰盘，距餐台边 2cm。

**2．摆主餐刀**

在装饰盘右侧摆放主餐刀，刀柄与餐台边垂直，刀柄末端与餐台边相距 2cm，刀刃向左，与装饰盘相距 1cm。

**3．摆主餐叉**

主餐叉放于装饰盘左侧，距餐台边 2cm，与装饰盘相距 1cm。

**4．摆面包盘、黄油刀**

面包盘摆放在主餐叉左侧，与主餐叉相距 1cm；面包盘的中心与装饰盘的中心在同一水平线上。黄油刀摆放在面包盘内右边 1/3 处，刀刃向左并与其他刀叉平行。

5．摆水杯

水杯摆放在主餐刀正上方 2cm 处。

6．摆餐巾花

西餐餐巾花多用盘花，折好后放于装饰盘内，花型要搭配适当。

7．摆咖啡碟、咖啡杯和咖啡匙

在餐刀右侧摆咖啡碟、咖啡杯和咖啡匙。

## （二）西餐零点午、晚餐摆台（见图 3-15）

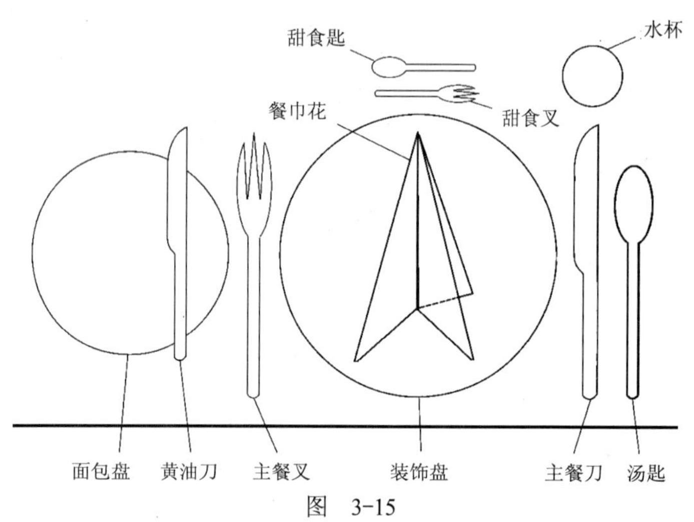


图 3-15

1．摆装饰盘

在台布铺好后，从主位开始摆放装饰盘，距餐台边 2cm。

2．摆主餐刀

在装饰盘右侧摆放主餐刀，刀柄与餐台边垂直，刀柄末端与餐台边相距 2cm，刀刃向左，与装饰盘相距 1cm。

3．摆主餐叉

主餐叉放于装饰盘左侧，距餐台边 2cm，与装饰盘相距 1cm。

4．摆面包盘、黄油刀

面包盘摆放在主餐叉左侧，与主餐叉相距 1cm，面包盘的中心与装饰盘的中心在同一水平线上。黄油刀摆放在面包盘内右边 1/3 处，刀刃向左并与其他刀叉平行。

5．摆甜食叉、匙

甜食叉在装饰盘正前方平行摆放，甜食叉靠近装饰盘，叉柄向左，距装饰盘 1cm。甜食匙摆放在甜食叉正前方，匙柄向右，距甜食叉 1cm。

6．摆水杯

水杯摆放在主餐刀正上方 2cm 处。

7. 摆餐巾花

西餐餐巾花多用盘花，折好后放于装饰盘内，花型要搭配适当。

## 技能训练

### 一、训练步骤

1. 教师根据西餐宴会摆台程序进行示范操作，然后分段进行示范。
2. 学生以小组为单位进行模仿学习和训练。
3. 小组中 1 人进行摆台练习，1 人辅助上转台和物品的准备，另外 2 人参照技能考评标准进行评议和纠错，以此 4 人轮流练习。
4. 教师根据学生学习训练的情况进行巡回检查和指导。
5. 为提高学生的训练兴趣，可以开展以小组为单位的分段程序和全程序操作竞赛。
6. 学生学会了西餐宴会摆台后，再以中级工的技能考核要求训练他们的摆台速度及质量。

### 二、训练注意事项

1. 摆放餐用具前，应注意个人卫生。
2. 摆放餐用具时，如有店徽标志的，必须正面朝上或朝向客人。
3. 摆放餐用具前，应检查所用餐具是否有破损，以免造成不必要的伤害。
4. 操作时，手应拿取杯座处，不能触碰杯口部位，更不能留有手印。
5. 西餐餐用具较多，应仔细识别，以免张冠李戴。
6. 西餐台台面的装饰很讲究，在美化餐台的同时要符合客人的风俗习惯。

## 学习评价

西餐宴会摆台训练评价表，见表 3-4。

表　3-4

| 被考评人 | | | | | |
|---|---|---|---|---|---|
| 考评地点 | | | | | |
| 考评内容 | 西餐宴会摆台训练 | | | | |
| 考评标准 | 内　　容 | 分值/分 | 自我评价/分 | 小组评议/分 | 实际得分/分 |
| | 台布正面朝上，中心线凸缝居餐台中心 | 5 | | | |
| | 餐桌四周台布的下垂部分均匀 | 5 | | | |
| | 装饰盘定位准确且间距均匀 | 10 | | | |
| | 餐具摆放均匀且达到摆放标准 | 40 | | | |
| | 餐台插花居中且主题突出 | 10 | | | |
| | 椒盐瓶、烛台及烟灰缸摆放到位 | 15 | | | |
| | 餐巾花观赏面朝向客人，突出主人位 | 15 | | | |
| 合　　计 | | 100 | | | |

注：1. 实际得分=自我评价 40%+小组评议 60%。
2. 考评满分为 100 分，60～74 分为及格；75～84 分为良好；85 分以上为优秀（包括 85 分）。

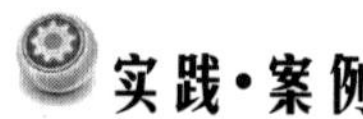

## 实践·案例

**老王儿子的尴尬**

老王的儿子留学归国，还带了位洋媳妇回来。为了讨好未来的公公，这位洋媳妇一回国就诚惶诚恐地张罗着请老王一家到当地最好的四星级饭店吃西餐。用餐开始了，老王为在洋媳妇面前显示出自己很讲究，就用桌上一块“很精致的布”仔细地擦了自己的刀、叉。吃的时候，学着他们的样子使用刀叉，既费劲又辛苦，但他觉得自己挺得体的，总算没丢脸。用餐快结束了，吃饭时喝惯了汤的老王盛了几勺精致小盆里的“汤”放到自己碗里，然后喝下。洋媳妇先是一愣，紧跟着也盛着喝了，而他的儿子早已是满脸通红。

**评析：**

老王闹了两个笑话，一是他不应该用“很精致的布”（餐巾）擦餐具，那只是用来擦嘴或手的；二是“精致小盆里的汤”是洗手的，而不是喝的。

**思考与启示：**

1．随着我们对外交往的越来越频繁，西餐也离我们越来越近。只有掌握一些西餐礼仪，在必要的场合才不至于“出意外”。西方用餐，人们一是讲究吃饱，二是享受用餐的情趣和氛围。

2．在国际化的今天，西餐不仅仅是美食，西餐礼仪更是国际交际圈、涉外交流群体、大都市时尚人士需要掌握的基本礼仪。西餐的礼仪、西餐的优雅、西餐的氛围让越来越多的人爱上西餐。享受西餐，从学习西餐礼仪、西餐点餐开始！掌握礼仪，就是对他人的尊重，彬彬有礼才是时尚的优雅法则。西餐文化和礼仪中，有很多都在要求人们做绅士淑女，如何优雅地进餐、如何优雅地谈吐，许多必备的素养，在认识、了解、掌握西餐礼仪的过程中都能得到弥补。

## 测试题

### 一、填空题

1．铺台布时，应从主位距餐台__________处进行。

2．牙签盅应摆放在公用碟的__________。

3．摆台围椅时应从____________开始，按顺时针方向依次摆放，餐椅椅座边缘与下垂台布相切。

4．中餐早餐摆台时应从____________开始，按顺时针方向依次摆放，餐椅椅座边沿与下垂台布相切。

5．西餐摆台摆放装饰时，盘内的店徽图案要端正，盘边距桌边________。

### 二、判断题

1．摆放餐酒用具时，摆放距离应相等，图案花纹应对正，做到整齐划一，符合规范标准。（　　）

2．西餐摆台时，主刀放于装饰盘的左侧，与餐台边呈垂直状。　（　　）

3．摆放餐具前，应检查所用餐具是否有破损，以免造成不必要的伤害。　（　　）

4．如果在用餐中客人将刀头与叉尖相对呈“一”字形或“八”字形摆放时，则表示不再继续用餐。　（　　）

5．餐巾折花放于装饰盘内，花型要搭配适当，突出主位。　（　　）

**三、选择题**

1．中餐圆台铺台布的方法常用的有（　　）。

A．推拉式　B．抖铺式　C．合铺式　D．撒网式

2．西餐常备的酒具除水杯外，还有（　　）。

A．白葡萄酒杯　B．红葡萄酒杯　C．烈性酒杯　D．蜜酒杯

3．常见的西餐单桌宴会台型有（　　）。

A．T 字形　B．E 字形　C．鱼骨形　D．回字形

4．西餐宴会摆台中，除在装饰盘右侧除摆放主餐刀外，一般还有（　　）。

A．鱼刀　B．色拉刀　C．面包刀　D．汤匙

5．中餐零点早餐摆台中，除摆放筷架和筷子外，还需摆放（　　）。

A．汤碗　B．汤勺　C．水杯　D．骨碟

# 项目四 斟酒训练

斟酒服务是餐厅服务工作中基本服务技能之一，餐厅服务员给客人斟酒操作时动作娴熟、规范、优美，不仅能体现餐厅服务员的技能水平，而且会使客人在精神上得到美的享受。为了给客人提供全面周到的服务，餐厅服务员不仅要掌握斟酒技术，而且要具有丰富的酒水知识和深厚文化素养。那么，这种技能和知识如何获得呢？只有通过平时认真的学习和刻苦的训练来获得。

# 任务　斟酒技法训练

## 学习目标

了解酒的种类和特点，掌握斟酒的动作要领、方法、标准和顺序，能够熟练进行斟酒操作。

## 学习准备

1. 物品准备：葡萄酒开酒钻 10 个、葡萄酒瓶（可用啤酒瓶代替）若干、白酒瓶若干、托盘 10 个、葡萄酒杯若干、白酒杯若干、干净口布 10 块等。

2. 场地准备：能容纳 30～40 人进行技能训练的酒店餐厅或学校实训室。

3. 分组安排：将学生分成若干小组，每组 4 人，其中 1 人进行练习，1 人辅助进行准备工作，另外 2 人参照技能考评标准进行评议，以此 4 人轮流练习。

4. 学时安排：8 学时。

## 理论知识

### 一、酒的分类

酒是用谷物、水果等含淀粉或糖分的谷物、植物经过发酵、蒸馏等方法生产出来的，含乙醇、带刺激性的饮料。酒水是酒精饮料和非酒精饮料的总称。

酒的分类方式很多，主要按制造方法、配餐饮用方式、乙醇含量和商业经营等进行分类。

**1. 按制造方法分类**

酒有发酵、蒸馏、配制等三种制造方法，对应生产出来的酒称为发酵酒、蒸馏酒、配制酒。

（1）发酵酒：饭店里常用的发酵酒有葡萄酒、啤酒、水果酒、黄酒、米酒等。

（2）蒸馏酒：饭店里常用的蒸馏酒有金酒、威士忌、白兰地、朗姆酒、伏特加酒、特基拉酒和中国的白酒。

（3）配制酒：主要有中国配制酒（药酒）和外国配制酒（开胃酒、甜食酒、餐后甜酒）。

发酵酒是以富含糖分、淀粉质的果类、谷类等为主要原料，添加酵母菌或催化剂，经糖化、发酵而产生的含酒精的饮料。

蒸馏酒是把经过发酵的原料，经过一次或多次蒸馏过程提取的高酒精度酒液。

配制酒是酒与酒的勾兑或者酒与药材、香料和植物等浸泡而成的酒液。

**2．按配餐饮用方式分类**

酒可分为餐前酒、佐餐酒、甜食酒、餐后甜酒和混合饮料等。

（1）餐前酒：餐前酒也称开胃酒，是餐前饮用的。

（2）佐餐酒：佐餐酒在用餐时与食物一起享用，是西餐配餐的主要酒类。

（3）甜食酒：甜食酒一般是佐助甜食时饮用的酒品。

（4）餐后甜酒：餐后甜酒又称利口酒，是餐后饮用的。

（5）混合饮料：混合饮料通常在餐前饮用或在酒吧饮用。

餐前酒具有生津开胃、增进食欲的功效，喝了以后能刺激人的胃口，是使人增加食欲的饮料。常以葡萄酒或蒸馏酒为酒基，加上调烹材料制成。

佐餐酒是用新鲜的葡萄发酵制成的，它包括红葡萄酒、白葡萄酒、玫瑰红葡萄酒和葡萄汽酒，富含营养，对人体非常有益。

甜食酒是以葡萄酒作为酒基，加入食用酒精或白兰地，增加酒精含量，所以又称强化葡萄酒。

餐后甜酒是在蒸馏酒或葡萄酒中加入芳香原料和糖配制而成的，有较好的助消化作用。

混合饮料是两种及两种以上的酒水配制而成的，比较常见的是鸡尾酒。

**3．按乙醇含量分类**

酒大体可分为高度酒、中度酒和低度酒。

（1）高度酒：乙醇含量一般在40%（V/V）以上的酒。

（2）中度酒：乙醇含量一般在20%（V/V）～40%（V/V）之间的酒。

（3）低度酒：乙醇含量一般在20%（V/V）以下的酒。

**4．按商业经营分类**

酒可分为白酒、黄酒、果酒、药酒和啤酒。

（1）白酒：是以谷物为原料的蒸馏酒，因酒度较高被称为“烧酒”。

白酒因其原料和生产工艺不同形成了不同的香型，主要有以下五种：

（1）酱香型：特点是香气优雅、酒味醇厚、柔和绵长、杯空留香，代表酒为贵州茅台酒。

（2）清香型：特点是清香纯正、醇甘柔和、诸味协调、余味净爽，代表酒为山西汾酒。

（3）浓香型：特点是芳香浓郁、甘绵适口、香味协调、回味悠长，代表酒为四川五粮液、剑南春等。

（4）米香型：特点是蜜香轻柔、幽雅纯净、入口绵甜、回味怡畅，代表酒为广西桂林三花酒。

（5）兼香型：特点是一酒多香，即兼有两种以上主体香型，故又称混香型或复香型，代表酒为贵州董酒。

（2）黄酒：是以糯米、大米（一般是粳米）、粟米等为原料的酿造酒。黄酒因酒液黄亮而得名。

（3）果酒：是以水果、果汁等为原料的酿造酒，大都以果实名称命名。常见的果酒是葡萄酒。

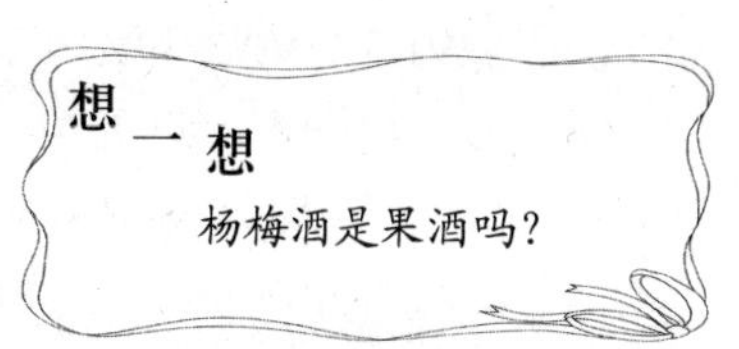


（4）药酒：是以白酒为原料加入各种中草药材浸泡而成的一种配制酒，具有较高滋补、营养和药用价值的酒精饮料。

（5）啤酒：是以大麦为原料，以啤酒花为香料，经发酵酿制而成的一种含有大量二氧化碳气体的低度酒，被人们称为“液体面包”。

## 二、中国酒简介

### 1．蒸馏酒类

中国的蒸馏酒主要是白酒。

中国八大白酒：贵州茅台酒、山西汾酒、四川五粮液、四川剑南春、安徽古井贡酒、江苏洋河大曲、贵州董酒、四川泸州老窖等，如图 4-1 所示。

图 4-1

（1）贵州茅台酒：以高粱为主要原料制成的酱香型白酒，酒度有 53%（V/V）、43%（V/V）、33%（V/V）等，产于贵州省仁怀县茅台镇茅台酒厂。

（2）山西汾酒：以高粱为主要原料的清香型白酒，酒度有 60%（V/V）、54%（V/V）、38%（V/V）等，产于山西省汾阳县杏花村酒厂。

（3）四川五粮液：以高粱、糯米、大米、玉米、小麦为原料的浓香型白酒，酒度有 60%（V/V）、52%（V/V）、39%（V/V）等，产于四川省宜宾市五粮液酒厂。

（4）四川剑南春：以高粱、糯米、大米、玉米、小麦为原料的浓香型白酒，酒度有 60%（V/V）、52%（V/V）、39%（V/V）等，产于四川省绵竹市剑南春酒厂。

（5）安徽古井贡酒：以高粱为主要原料的浓香型白酒，酒度有 60%（V/V）等，产于安徽亳县古井贡酒厂。

（6）江苏洋河大曲：以高粱为主要原料的浓香型白酒，酒度有 60%（V/V）、55%（V/V）、38%（V/V）等，产于江苏省四洋县洋河镇洋河大曲酒厂。

（7）贵州董酒：以高粱为主要原料的兼香型白酒，酒度有 60%（V/V）等，产于贵州省遵义市董酒厂。

（8）四川泸州老窖：以高粱为主要原料的浓香型白酒，酒度为 60%（V/V）等，产于四川省泸州市泸州老窖酒厂。

**2．葡萄酒类**

葡萄酒主要有：烟台红葡萄酒、中国红葡萄酒、沙城白葡萄酒、民权白葡萄酒等。

**3．黄酒类**

黄酒主要有：绍兴加饭酒、龙岩沉缸酒等。

**4．啤酒类**

啤酒主要有：青岛啤酒、燕京啤酒等。

## 三、外国酒简介

**1．蒸馏酒类**

外国著名的蒸馏酒（烈酒）主要有白兰地、威士忌、伏特加、朗姆酒、金酒和特基拉酒，如图 4-2 所示。

图　4-2

### 知识链接

1）白兰地是以葡萄或其他水果为原料经发酵、蒸馏而得的酒。最为著名的是法国科涅克干邑白兰地，仅次于它的是雅文邑白兰地。

2）威士忌是以谷物为原料经发酵、蒸馏而得的酒，主要有苏格兰威士忌、爱尔兰威士忌、美国威士忌和加拿大威士忌四大类。

3）伏特加是以土豆、玉米、小麦等原料经发酵、蒸馏后精制而成，是俄国代表性的白酒，分为纯净伏特加和芳香伏特加。

4）朗姆酒又称糖酒，是以蔗糖汁或糖浆为原料经发酵、蒸馏加工而成的酒，有时也用糖渣或其他蔗糖副产品做原料。按色泽可分为银朗姆、金朗姆和黑朗姆。

5）金酒又称琴酒、毡酒或杜松子酒，是用玉米、麦芽等谷物为原料经发酵、蒸馏后，加入杜松子和其他一些芳香原料再次蒸馏而得的酒，包括荷兰金酒和干金酒。

6）特基拉酒又名仙人掌酒，是墨西哥独有的名酒，以热带仙人掌类植物龙舌兰的汁浆发酵、蒸馏而成。

**1．葡萄酒的含糖量**

1）干型葡萄酒含糖量在0.5%以下，口感酸而不甜。

2）半干型葡萄酒含糖量在0.5%～1.2%之间，口感有微弱的甜味。

3）半甜型葡萄酒含糖量在1.2%～1.5%之间，口感较甜。

4）甜型葡萄酒含糖量在5%以上，口感很甜。

**2．香槟酒的含糖量**

1）特别干味含糖量低于1.5%。

2）干味含糖量在1%～2%之间。

3）半干味含糖量在2%～4%之间。

4）半甜味含糖量在4%～6%之间。

5）甜味含糖量在8%～10%之间。

**3．白兰地陈酿时间**

1）V.O为10～12年。

2）V.S.O为12～20年。

3）V.S.O.P为20～30年。

4）F.O.V为30年以上。

5）Napoleon为30年以上。

6）X.O为50年以上。

7）X为70年以上。

**2．酿造酒类**

酿造酒的主要名酒有法国的葡萄酒和香槟酒，如图4-3所示。

**3．配制酒类**

配制酒主要有餐前酒、甜食酒、餐后甜酒，如图4-4所示。

图 4-3

图 4-4

4．混合饮料

混合饮料主要是鸡尾酒，如图 4-5 所示。

5．啤酒

著名的是德国啤酒，如图 4-6 所示。

图　4-5

图　4-6

## 四、酒水瓶的开启方法

酒水瓶罐的封口常见的有皇冠瓶盖、易拉环、软木制成的瓶塞和旋转瓶盖等。常用的开启酒水瓶盖的工具有开塞钻和扳手，如图 4-7 所示。

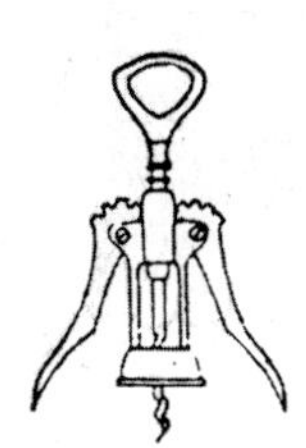

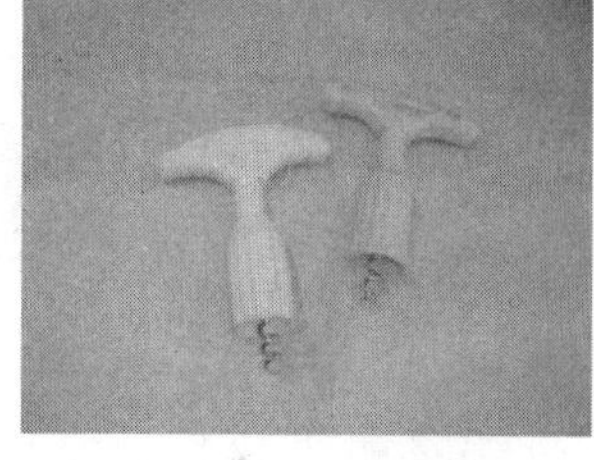

图　4-7

皇冠瓶盖、易拉环、旋转瓶盖是比较容易开启的。木瓶塞的开启有一定的讲究。常见的软木瓶塞酒类有葡萄酒、香槟酒。

### 1．葡萄酒开瓶方法

1）先用洁净的餐巾把酒瓶包上。

2）切掉瓶口部位的锡纸，并揩擦干净。

3）用开酒钻的螺旋锥转入瓶塞（见图 4-8），将瓶塞慢慢拔出，再用餐巾将瓶口擦干净。

4）在开瓶过程中，动作要轻，以免摇动酒瓶时将瓶底的酒渣泛起，影响酒味。

图　4-8

### 2．香槟酒开瓶方法

1）撕开铝箔封套。

2）左手大拇指紧压塞顶，右手扭开固定在瓶塞外的铁丝。

3）将瓶身倾斜约 60°，但不可对着人。

4）左手慢慢旋转瓶身的同时用右手握住瓶塞轻轻向外拔，靠瓶内的压力和手拔的力量将瓶塞取出。

5）瓶塞取出后再保持酒瓶倾斜数秒，防止酒液溢出。

6）注意控制软木塞拔出（弹出）的声响，越安静越好。

## 五、斟倒酒水

### 1．斟酒方法

斟酒的基本方法可以分为桌斟和捧斟两种。桌斟有托盘端托斟酒和徒手斟酒之分。

所谓托盘端托斟酒，就是将客人需要的酒水放在托盘内，餐厅服务员左手托盘，右手握酒瓶，根据客人的需要依次将酒水斟入客人杯中，运用这种斟倒方法进行斟酒服务，方便快捷，但是对服务人员的技能要求较高，如图4-9所示。

徒手斟酒，即左手持洁净布巾置于背后，右手握酒瓶，按照客人所需将酒水依次斟入客人杯中，如图4-10所示。

捧斟是左手拿杯的下半部，右手握酒瓶，按照客人所需将酒水斟入杯中，如图4-11所示。斟酒时，应在餐台台面以外的空间进行，斟好酒后将酒杯放在客人的右手处。

图 4-9

图 4-10

图 4-11

### 2．斟酒姿势与位置

（1）托盘端托斟酒：服务员侧身站在客人的右后侧，身体前倾，左手托盘，右手握酒瓶的下半部，将酒瓶上的商标朝向客人，右脚跨前踏在两椅之间，左脚微微踮起，伸右臂进行斟倒。身体不要贴靠客人，注意左手托盘要向外拉伸并保持平稳，避免发生碰撞。

（2）徒手斟酒：服务员侧身站在客人的右后侧，左手持服务巾，背于身后，以便随时擦拭瓶口，右手握酒瓶的下半部，将酒瓶上的商标朝向客人。右脚跨前踏在两椅之间，左脚微微踮起，伸右臂进行斟倒。身体不要贴靠客人。

手握酒瓶的姿势应该是：叉开右手大拇指，食指置于酒瓶上方，其余三指并拢，掌心贴于瓶身中部，即掌根手腕部位刚好位于瓶身底部，握瓶时，手指要用力均匀，使酒瓶握实在手中。

### 3．斟酒要领

（1）瓶口与杯口距离：斟酒时瓶口不可搭放在杯口，一般相距 1～2cm 为宜，如图4-12所示。

（2）回瓶时：当斟至适量时不可突然抬起瓶身，而应稍停一下，并旋转瓶身，抬起瓶口，使最后一滴酒随着瓶身的转动均匀地分布在瓶口沿上，避免洒落在台面或客人身上。

图 4-12

（3）酒液流速：斟酒时要根据酒量、倾斜角度来控制斟倒速度。一般瓶内酒量越少，流速应越快。

（4）斟酒量：根据酒品和习俗的不同，斟酒量也不尽相同。中餐斟酒一律以八分满为宜。啤酒一般为八成酒液二成泡沫。西餐斟酒，不同的酒有不同的标准。一般红葡萄酒斟至杯的 1/2，白葡萄酒斟至杯的 3/4，香槟酒斟至杯的 3/4。

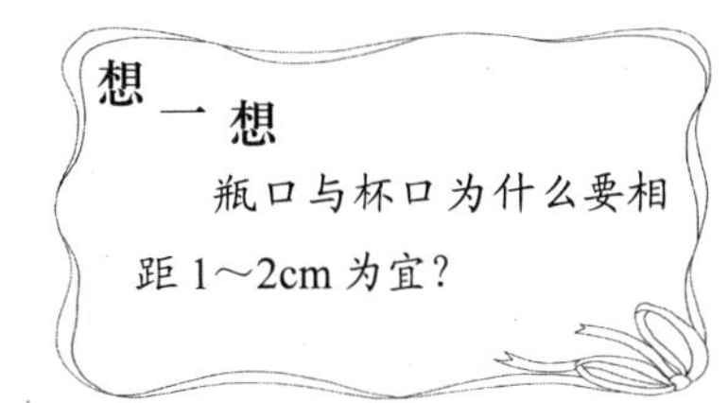


（5）斟酒顺序：根据客人是否入座，可以有不同的顺序。

1）客人入座后的斟酒顺序。一般从主宾位开始，按照顺时针方向为客人斟倒。如果两个服务员同时斟酒，一名服务员从主宾位开始，另一名从副主人位开始按照顺时针方向进行斟酒服务。

当斟酒适量回瓶时，右手可利用腕部向外的旋转（顺时针旋转）将酒瓶商标转向自己身体一侧，同时抬起瓶口。

由于宴会的规格、服务对象、民族风俗习惯、国籍等不同，因此斟酒顺序也是多种多样的。为亚洲客人进行斟酒服务时，如主宾是男士，则应先斟男主宾再斟女宾位，其他客人可按照顺时针依次绕台进行斟酒服务，或按照主人的要求先为来宾斟酒，最后为主人斟酒，以此表示主人对来宾的尊重。为欧美客人进行斟酒服务时，则应体现女士优先的原则，先宾后主，先女后男。

2）客人入座前的斟酒顺序。客人入座前的斟酒，即斟预备酒。预备酒是在宴会开始前进行的，目的是使宾主讲话后祝酒时客人杯中有酒。作为祝酒用的酒通常选用红葡萄酒，斟酒顺序一般从主人位开始，按顺时针方向依次绕台斟倒。

**4．斟酒步骤**

（1）检查：为客人提供斟酒服务之前，要将酒瓶瓶身、瓶口擦干净，检查一下酒是否过期、变质，是否是客人所需，酒瓶有没有破裂。

人们运用感觉器官（视、嗅、味、触）来评定酒的质量，区分优劣，划分等级，判断酒的风格特征，称为品评，人们习惯地称为评酒，又称为品尝、感官检查、感观尝评等。对酒类品质优、次、劣的确定，仅根据理化分析结果制定的指标是不够的。因为至今为止，尚未出现能够全面正确地判断香味的仪器，理化检验还不能代替感观尝评。酒是一种味觉品，它们的色、香、味是否为人们所喜爱，或为某个国家、地区的人民、民族所喜爱，必须通过人们的感觉进行品评鉴定。

（2）示酒：用右手握酒瓶的颈部，左手用一块餐巾托住瓶底，将酒瓶上的商标朝向客人请其确认。这样一可以避免差错，二表示对客人的尊重，三可以促进销售。如果在开瓶之前，客人对此有不同的意见，餐厅服务员应向客人征询，并礼貌地向客人提供服务。

（3）开瓶：根据酒水选用正确的开瓶器和开瓶方法。开启酒水瓶后，要用洁净的布巾仔细擦拭瓶口，再次检查酒水质量。

开启酒瓶的声音要小，开瓶后的木塞、瓶盖等，不要直接放在桌子上，可以放在小碟里，操作完毕后一起带走，不要将其留在客人的餐桌上。

（4）斟酒：选用合适的斟倒方法进行斟倒酒水。要求做到不滴不洒，不少不溢，动作规范，姿势优美。

小知识

酒杯是斟酒服务的必备用品。中餐厅一般常备的酒杯有：水杯、葡萄酒杯、白酒杯等。

酒水饮用温度应根据酒水和客人的需求不同而不同。一般应冰镇饮用的酒水有：啤酒（饮用温度为4～8℃）、白葡萄酒（饮用温度为8～12℃）、香槟酒与有汽葡萄酒（饮用温度为4～8℃）。一般应温热饮用的酒有：黄酒（温烫至60℃左右饮用，口感最佳）。

## 技能训练

### 开启酒瓶训练（以开启葡萄酒瓶为例）

#### 一、训练准备

1．物品准备：葡萄酒开酒钻 10 个、葡萄酒（可用啤酒瓶内装清水，塞上软木塞代替）若干、干净口布 10 块等。

2．场地准备：能容纳 30～40 人进行技能训练的酒店餐厅或学校实训室。

3．分组安排：将学生分成若干小组，每组 4 人，其中 1 人进行练习，1 人辅助进行准备工作，另外 2 人参照技能考评标准进行评议，以此 4 人轮流练习。

4．学时安排：2 学时。

#### 二、训练步骤

1．教师按规范和要求示范开启葡萄酒瓶。

2．学生以小组为单位进行模仿学习和训练。

1）小组成员相互之间进行互查纠正，进一步明确各步骤的动作要领。

2）小组内派代表进行技能展示与交流。

3．教师巡回检查和指导。

#### 三、训练注意事项

1．使用小刀去包装时要小心，以免弄伤手指。

2．使用开酒钻时要将钻头对准软木塞的中心点下钻，并慢慢用力旋转。

3．当钻头钻入软木塞的 3/4 处时停止，不要钻透，否则木屑会掉入酒中。

4．拔出的瓶塞要倒放置于小碟中。

5．开启酒瓶时动作要轻稳，不要摇晃瓶身。

## 学习评价

开启酒瓶训练评价表，见表 4-1。

表 4-1

| 被考评人 | | | | | |
|---|---|---|---|---|---|
| 考评地点 | | | | | |
| 考评内容 | 开启酒瓶技能 | | | | |
| 考评标准 | 内　　容 | 分值/分 | 自我评价/分 | 小组评议/分 | 实际得分/分 |
| | 清洁酒瓶 | 5 | | | |
| | 去瓶口包装 | 10 | | | |
| | 擦瓶口 | 5 | | | |
| | 酒钻的使用 | 40 | | | |
| | 瓶塞完整 | 10 | | | |
| | 放置瓶塞 | 5 | | | |
| | 揩擦瓶口 | 5 | | | |
| | 动作轻、规范 | 10 | | | |
| | 姿势优美 | 10 | | | |
| 合　　计 | | 100 | | | |

注：1．实际得分=自我评价 40%+小组评议 60%。

2．考评满分为 100 分，60～74 分为及格；75～84 分为良好；85 分以上为优秀（包括 85 分）。

## 托盘斟酒训练（以斟葡萄酒为例）

### 一、训练准备

1．物品准备：葡萄酒瓶（可用啤酒瓶代替）若干、托盘 10 个、葡萄酒杯若干、干净口布 10 块等。

2．场地准备：能容纳 30～40 人进行技能训练的酒店餐厅或学校实训室。

3．分组安排：将学生分成若干小组，每组 8～10 人，其中 1 人进行练习，1 人辅助进行准备工作，另外 6～8 人充当“客人”并参照技能考评标准进行评议，以此每人轮流练习。

4．学时安排：3 学时。

### 二、训练步骤

1．教师按规范和要求示范斟葡萄酒。

2．学生以小组为单位进行模仿学习和训练。

1）小组成员相互之间进行互查，纠正斟酒姿势、斟酒量等内容，进一步明确斟酒的各项动作要领和技巧。

2）小组内派代表进行斟酒技能展示与交流。

3．教师巡回检查和指导。

## 三、训练注意事项

1．在斟酒中，要脸带笑容，姿势优美，注重“客人”的存在性。
2．托盘不能停在餐椅上方，应在餐椅后上方，并保持托盘的平稳。
3．握瓶时酒水的商标应朝向客人。
4．回瓶时要注意应在酒杯口上方进行，以避免酒水的滴洒。
5．斟倒酒水必须斟完一杯换一个位置，不能在同一个位置给左右两位客人斟酒。
6．要有序组织训练，防止意外发生。
7．注意对酒瓶、酒杯等易碎物品的使用。

# 学习评价

托盘斟酒训练评价表，见表4-2。

表 4-2

| 被考评人 | | | | | |
|---|---|---|---|---|---|
| 考评地点 | | | | | |
| 考评内容 | 托盘斟酒服务技能 | | | | |
| 考评标准 | 内　　容 | 分值/分 | 自我评价/分 | 小组评议/分 | 实际得分/分 |
| | 仪容 | 5 | | | |
| | 托盘姿势 | 20 | | | |
| | 握瓶姿势 | 5 | | | |
| | 斟酒姿势及位置 | 5 | | | |
| | 斟酒顺序 | 5 | | | |
| | 瓶口距杯口距离 | 5 | | | |
| | 回瓶动作 | 5 | | | |
| | 斟倒量控制 | 30 | | | |
| | 无倒杯现象 | 10 | | | |
| | 无滴洒现象 | 10 | | | |
| 合　　计 | | 100 | | | |

注：1．实际得分=自我评价40%+小组评议60%。
2．考评满分为100分，60～74分为及格；75～84分为良好；85分以上为优秀（包括85分）。

## 徒手斟酒训练（以斟白酒为例）

## 一、训练准备

1．物品准备：白酒瓶若干、托盘10个、干净口布10块等。
2．场地准备：能容纳30～40人进行技能训练的酒店餐厅或学校实训室。
3．分组安排：将学生分成若干小组，每组8～10人，其中1人进行练习，1人辅助进行准备工作，另外6～8人充当“客人”并参照技能考评标准进行评议，以此每人轮流练习。

4．学时安排：3学时。

## 二、训练步骤

1．教师按规范和要求示范斟白酒（刚练习时可用水来代替，考试时用白酒）。

2．学生以小组为单位进行模仿学习和训练。

1）小组内成员相互之间进行互查，纠正斟酒姿势、斟酒量等内容，进一步明确斟酒的各项动作要领和技艺。

2）小组内派代表进行斟酒技能展示与交流。

3．教师巡回检查和指导。

## 三、训练注意事项

1．在斟酒中，要脸带笑容，姿势优美，注重“客人”的存在性。

2．左手所持餐巾要折叠整齐，不能胡乱抓捏，更不能将手搭放在椅背上。

3．握瓶时酒水的商标应朝向客人。

4．回瓶时要注意应在酒杯口上方进行，以避免酒水的滴洒。

5．斟倒酒水必须斟完一杯换一个位置，不能在同一个位置给左右两位客人斟酒。

6．要有序组织训练，防止意外发生。

7．注意对酒瓶、酒杯等易碎物品的使用。

# 学习评价

徒手斟酒训练评价表，见表4-3。

表　4-3

| 被考评人 | | | | | |
|---|---|---|---|---|---|
| 考评地点 | | | | | |
| 考评内容 | 徒手斟酒服务技能 | | | | |
| 考评标准 | 内　　容 | 分值/分 | 自我评价/分 | 小组评议/分 | 实际得分/分 |
| | 仪容 | 5 | | | |
| | 握瓶姿势 | 5 | | | |
| | 斟酒姿势及位置 | 10 | | | |
| | 斟酒顺序 | 10 | | | |
| | 瓶口距杯口距离 | 10 | | | |
| | 回瓶动作 | 10 | | | |
| | 斟倒量控制 | 30 | | | |
| | 无倒杯现象 | 10 | | | |
| | 无滴洒现象 | 10 | | | |
| 合　　计 | | 100 | | | |

注：1．实际得分=自我评价40%+小组评议60%。

2．考评满分为100分，60～74分为及格；75～84分为良好；85分以上为优秀（包括85分）。

## 实践·案例

**影响心情的酒水服务**

南方某酒店的中餐厅，一场同学聚会正在热热闹闹地进行着。多年不见，同学们心情都很激动。服务员小王忙前忙后地招呼着客人。其间小王把客人点的两箱啤酒搬来也没有征得客人的同意，直接打开了一箱中的所有酒水，看客人用完后仍意犹未尽，又想到自己多开瓶还可以得到酒店的开瓶费奖励，就把另一箱啤酒也全打开了。客人小赵看到后虽然觉得服务员的做法不当但也没说什么，因为当天这个特殊的日子两箱啤酒是完全能够喝掉的。等大家酒足饭饱之时，小赵不经意地拿起酒瓶一看，竟然发现该酒水的保质期就是当天……

**评析：**

服务员小王在酒水服务中哪些地方做得不当？在酒水服务中应该遵循什么程序？餐厅的酒水管理应注意什么？

**思考与启示：**

在中餐服务中，为客人进行酒水服务是一项比较细致和需要耐心的工作。服务员既要掌握一定的斟酒技能，又要具备相关的酒水和服务程序知识，同时还要本着为客人提供真诚服务的原则，让客人满意，而不能贪图小利。

## 测试题

一、填空题

1．在中餐服务中白酒斟__________分满。

2．在中餐服务中，斟啤酒时斟__________分酒液，__________分泡沫。

3．在斟酒服务中，餐厅服务员应站在客人的__________。

4．斟酒按照选用工具的不同分为两种：一种是__________，另一种是__________。

5．斟倒一般酒水时，瓶口应距离杯口__________左右。

二、判断题

1．按酒的香型分类，有浓香、清香、酱香、兼香和米香等香型。（　　）

2．餐厅服务员斟酒时，可将身体贴靠在座椅上。（　　）

3．餐厅服务员斟酒时，可同时为左右两位客人斟酒。（　　）

4．斟啤酒或气泡酒时应将酒液沿杯壁注入杯中。（　　）

5．徒手斟酒时，左手应持干净消过毒的巾布，右手握酒瓶，按照客人所需将酒水一次斟入客人杯中。（　　）

三、选择题

1．我国优质白酒的特点是（　　）。

A．晶莹纯净　B．透明无色　C．无沉淀　D．回味无穷

2．一般中餐常备酒具有（　　）。

A．水杯　B．红酒杯　C．白酒杯　D．白兰地杯

3．啤酒含有丰富的营养和多种人体需要的维生素及（　　）。

A．蛋白质　B．二氧化碳　C．氨基酸　D．矿物质

4．优质汽酒的特点是酒液（　　），开瓶时气足泡多。

A．洁白无色　B．纯清透亮　C．色泽纯正　D．酒香浓爽

5．葡萄酒根据含糖量可分为（　　）。

A．干型　B．半干型　C．半甜型　D．甜型

# 项目五 中餐上菜与分菜训练

上菜、分菜是餐厅服务人员的基本功，是中餐零点餐服务和宴会服务中不可缺少的内容。在中餐零点餐和各类宴会服务中熟练掌握上菜、分菜的技艺，不仅可以让客人适时品尝美味佳肴，也可以让客人领略美味佳肴中的饮食文化，而且高超、娴熟、优美的上菜、分菜技艺还能带给客人以赏心悦目的艺术享受，给席间就餐增添喜庆气氛。

# 任务一　中餐上菜

## 学习目标

熟悉、掌握中餐零点餐和宴会上菜的方法要领。

## 学习准备

1. 物品准备（以 10 人标准宴会台所需物品为例）：直径 180cm 圆形餐桌 1 张、转台 1 个、餐椅 10 把、花台瓶 1 个、220cm×220cm 台布 1 块、骨碟 10 个、大小菜盘若干个、各色冷热菜肴的图片若干张（贴放于菜盘内）、托盘 2 个。

2. 场地准备：应是能容纳 30～40 人进行技能训练的酒店餐厅或学校实训室。

3. 分组安排：将学生分成 4 个小组，每组 10 人，其中 1 人进行上菜练习，9 人充当“客人”坐在椅子上，对操作者进行评议，以此 10 人轮流练习。

4. 学时安排：2 学时。

## 理论知识

### 一、中餐上菜程序和规则

**1. 上菜程序**

一般中餐上菜的程序是：冷菜→热菜→汤→点心→水果，但粤菜习惯于先汤后菜。

**2. 上菜规则**

中餐上菜应掌握的规则是：先冷后热，先菜后点，先咸后甜，先炒后烧，先清淡后肥厚，先优质后一般。如客人对上菜有特殊要求，应灵活掌握。

### 二、中餐上菜位置和姿势

**1. 上菜位置**

服务员在为客人上菜时，应选择正确的位置，一般应以不打扰客人为原则。可以在位于主人位成 90° 角的位置（即译陪人员之间）进行，也可以在副主人的右侧进行，如图 5-1 所示。严禁在主人和主宾之间或来宾之间进行上菜。

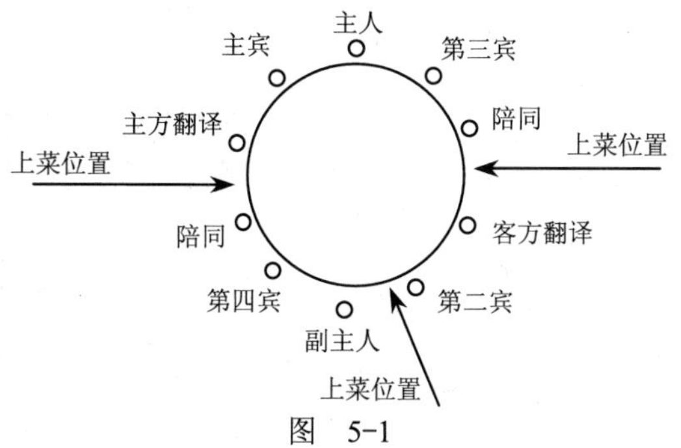

图　5-1

2．上菜姿势

上菜时，服务员将菜肴放在托盘内端托至餐桌前，左手托托盘，右脚跨前踏在两椅之间，侧身用右手上菜。

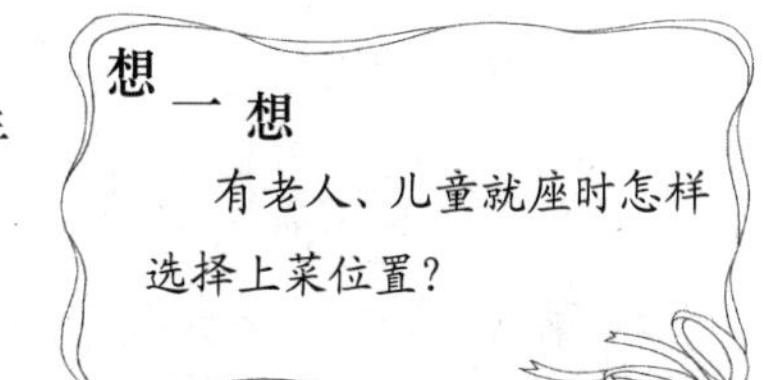


## 三、中餐上菜时机和节奏

1．上菜时机

（1）上冷菜：中餐零点餐应在开出点菜单后 5min 内上好冷菜；中餐宴会则应在开餐前 15min 摆好冷菜并斟好酒。

（2）上热菜：中餐零点餐应等冷菜食用剩 1/3～1/2 时上热菜；中餐宴会则应等冷菜食用剩 1/2 时上热菜。

2．上菜节奏

中餐零点餐的上菜节奏应根据客人用餐情况灵活掌握。一般小桌客人的菜在 20min 左右上完，大桌客人的菜在 30min 左右上完。中餐多台宴会则应服从于主桌，一般先主桌再其他桌。

1）上菜的最佳时机是在前一道菜接近吃完（吃剩 1/3～1/2）时，将新的一道菜送至餐桌上。

2）中餐宴会如遇宾主讲话或离席敬酒时不宜上菜，应等讲完话或敬完酒回位后再上菜。

## 四、中餐上菜规范和安全要求

1．上菜规范

（1）上菜前：

1）核对台号、品名、分量，避免上错菜。

2）整理台面，留出空位，严禁盘与盘之间互相叠压。满桌时可以大盘换小盘、合并或帮助分派。

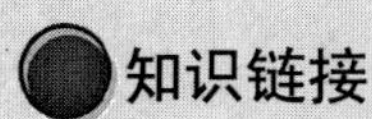


菜品名称分为写实型菜品名称、寓意型菜品名称和仿真型菜品名称。

（1）写实型菜品名称能体现其选用原料、烹调方法、食用方法，在正确报菜名后，客人对菜品可以一目了然。

（2）寓意型菜品名称是无法完全体现原料、烹调方法、食用方法的，在正确报菜名后，还要介绍菜品名称的由来、典故和主要原料，除了会增添客人的进餐情趣外，还可加深对饮食文化的了解。

（3）仿真型菜品名称多见于素菜荤名。报出菜品名称后，要同时将制作此类菜品的主要原材料如实告知客人，以免造成客人的误会。

（2）上菜时：

1）报菜名并对特殊菜肴作简单介绍。

2）新上菜肴应先通过转台转至主宾面前。

3）有调味的菜肴要先上调味再上主菜或调味和主菜一起上。

4）上粒浆菜肴加汤匙，上煲窝类菜肴一般加垫碟上席，上带壳食品要跟毛巾与洗手盅。

5）菜肴摆放要讲究造型艺术，尊重主宾，方便食用。做到冷荤主盘正面及热菜头菜正面朝向第一主人位，其他菜肴上桌时应将菜面朝向四周，使所有上桌的菜均正面朝向客人，如图 5-2 所示

图 5-2

（3）上菜时的服务用语：

1）上菜时应向客人有所提醒："对不起，打扰一下！"

2）上第一道菜时应向客人表示"对不起，让您久等了，请慢用！"

3）上最后一道菜时要及时告知客人"菜已上齐，还需要什么请随时吩咐！"

冷菜摆放一般可以根据菜盘数量摆放成"一中间、二平行、三品字、四回字、五梅花"。同时注意色彩、口味和荤素的间隔和对称摆放。

**2. 上菜安全要求**

1）上各种菜肴时，应做到端平走稳，轻拿轻放。

2）上菜忌"推"和"蹾"，并应注意盘底、盘边要干净。

3）上带汤汁的菜肴应双手端送，以免洒在客人身上。

4）上菜时要有示意，以提醒客人防止碰撞，要从客人间的空隙处平稳递上，切不可将菜盘从客人身上、头上越过。

## 五、特殊菜肴的上法

1）上易变形的炸、爆、炒菜肴，一出锅即须立即端上餐桌，上菜时要轻稳，以保持菜肴

的形状和风味，如图 5-3 所示。

2）上有声响的（锅巴类）菜肴，一出锅就要以最快的速度端上桌，随即把汤汁浇在菜上，使之发出响声。做这一系列动作要连贯，不能耽搁，否则此菜将失去应有的效果，如图 5-4 所示。

3）上原盅炖品类菜肴，上台后应当着客人的面启盖，以保持炖品的原味，并使香气在席间散发。揭盖时要将盖子翻转移开，以免汤水滴落在客人身上，如图 5-5 所示。

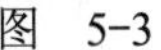

图　5-3

图　5-4

图　5-5

4）上泥封、纸包、荷叶包菜肴，应先送上餐台让客人观赏，再拿到工作台上打开或启封，以保持菜肴的香味和特色，如图 5-6 所示。

5）上拔丝类菜肴，要托热水上，即用汤碗盛装热水，将装有拔丝菜肴的盘子搁在汤碗上用托盘端送上餐桌，并紧跟着上凉开水。托热水上拔丝菜肴，可防止糖汁凝固，保持菜肴的风味，如图 5-7 所示。

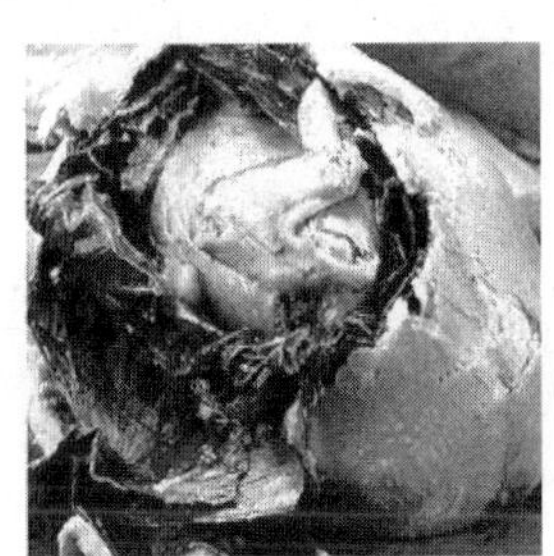

图　5-6

图　5-7

## 技能训练

### 一、训练步骤

1．教师示范上菜操作技能，并讲解上菜撤菜要领。

2．学生以小组为单位进行模仿学习和训练。

3．小组中 1 人进行上菜练习，1 人协助，另外 2 人参照技能考评标准进行评议和纠错，以此 4 人轮流练习。

4．教师根据学生学习训练的情况进行巡回检查和指导。

5．为提高学生的训练兴趣，可以开展以小组为单位的分段程序和全程序操作竞赛。

6．学生学会了中餐上菜后，再以中级工的技能考核要求训练他们的上菜速度及质量。

## 二、训练内容

**1．上菜、撤菜位置**

选择正确的上菜位置，并始终保持这一位置。中餐零点餐上菜位置和宴会上菜位置基本相同。撤菜位置与上菜位置相同。

**2．端菜手法**

上菜时双手托菜盘，注意手指不要抠入菜盘内。撤菜手法也应注意卫生，手指不要抠入菜盘内。

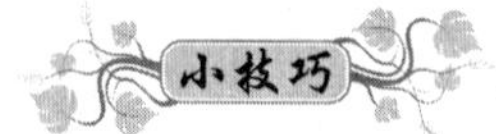


正确拿餐盘的手法是：四个手指托住盘底，大拇指呈斜状，拇指肚朝向盘子的中央，不要将拇指直伸入盘内。如果大菜盘过重时，可用双手端捧上台。

**3．上菜姿势**

服务员侧身站立于两椅之间，将菜品送到转台上。撤菜姿势与上菜姿势相同。

**4．报菜名，介绍菜肴**

要求吐字清晰，语音轻柔，音量适中，介绍到位。

**5．礼貌服务用语**

礼貌服务用语运用要恰当自然。

**6．示菜方法**

报清菜名后，在上菜位置将菜品放在靠近转盘边缘的一侧，然后按顺时针方向转至主宾面前让其品尝。

**7．摆放要求**

主菜肴的观赏面要正对主人位，其他菜肴的观赏面要朝向四周。各种菜肴摆放时要讲究造型艺术，应根据菜品原材料的颜色、形状、口味、荤素、盛器、造型对称摆放。

## 三、训练注意事项

1．上菜时，使用托盘操作，应该左手托盘、右手端菜盘上菜。不用托盘的则应该用双手端菜盘上菜。

2．上菜时是侧身站立于两椅之间，不要倚靠在客人身上。

3．上菜时应注意盘底、盘边要干净。

4．摆放菜盘时要求端平轻放，以免汤汁滴洒在餐桌或客人的衣物上，切忌用“推”、“蹾”等手法摆放菜盘。

5．转动转盘时要求用右手轻轻转动转盘，左手置于背后，姿势规范优美。

6．介绍菜肴时眼睛要注视客人，并注意语言清晰、简练，不可含糊啰嗦。

7．上菜时手法要规范，符合卫生要求。

# 学习评价

中餐上菜训练评价表，见表 5-1。

表　5-1

| 被考评人 | | | | | |
|---|---|---|---|---|---|
| 考评地点 | | | | | |
| 考评内容 | 中餐上菜技能 | | | | |
| 考评标准 | 内　　容 | 分值/分 | 自我评价/分 | 小组评议/分 | 实际得分/分 |
| | 上菜位置 | 5 | | | |
| | 端菜手法 | 5 | | | |
| | 上菜姿势 | 20 | | | |
| | 报菜名 | 20 | | | |
| | 礼貌用语 | 5 | | | |
| | 示菜方法 | 10 | | | |
| | 摆放要求 | 20 | | | |
| | 撤菜位置 | 5 | | | |
| | 撤菜手法 | 5 | | | |
| | 撤菜姿势 | 5 | | | |
| 合　计 | | 100 | | | |

注：1. 实际得分=自我评价 40%+小组评议 60%。

2. 考评满分为 100 分，60～74 分为及格；75～84 分为良好；85 分以上为优秀（包括 85 分）。

# 任务二　中 餐 分 菜

## 学习目标

熟悉、掌握中餐零点餐和宴会的分菜方法。

## 学习准备

1. 物品准备（以 10 人标准宴会台所需物品为例）：直径 180cm 圆形餐桌 1 张，转台 1 个，餐椅 10 把，花台（瓶）1 个，220cm×220cm 台布 1 块，骨碟 10 个，12 寸菜盘 1 个，汤盆 1 个，汤碗 10 个，餐勺、餐叉、餐刀各 1 把，汤勺 1 把，筷子 1 双，榨菜丝若干，萝卜丁若干，托盘两个。

2. 场地准备：应是能容纳 30～40 人进行技能训练的酒店餐厅或学校实训室。

3. 分组安排：将学生分成若干小组，每组 10 人，其中 1 人进行分菜练习，9 人充当“客人”坐在椅子上，对操作者进行评议，以此 10 人轮流练习。

4. 学时安排：6 学时。

## 理论知识

### 一、中餐分菜工具及其使用方法

中餐分菜工具一般有餐叉、餐勺、餐刀、长把汤勺、筷子等，如图 5-8 所示。一般应根据菜肴的不同进行合理选择，搭配使用。

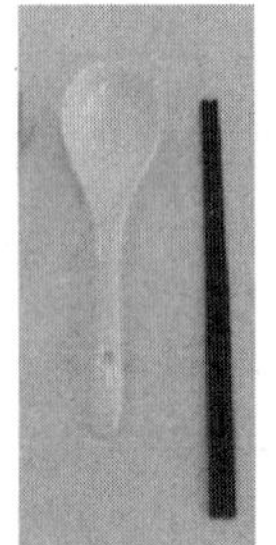

图 5-8

1．餐叉与餐勺的用法

用右手握餐叉、餐勺的柄部，依靠右手的五个手指配合来控制餐叉和餐勺。具体做法是先将餐勺的勺心向上，勺柄置于右手的中指与小指之上、无名指之下，夹住固定，而餐叉柄应置于食指与无名指之上、大拇指之下，握住固定，若是丝状类菜肴，餐叉的凹面应向上，若是块状类菜，餐叉的凹面应向下。当五个手指分别将餐叉、餐勺固定后，就能在分菜服务时操作自如，既能将菜分好，同时又可将菜汁用勺盛取一同分送，如图 5-9 所示。

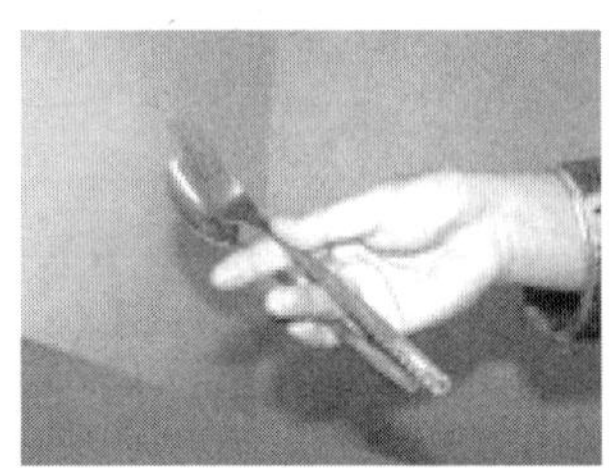

图 5-9

2．长把汤勺与筷子的用法

长把汤勺单独使用时，一般是右手握勺把。长把汤勺与筷子配合使用时，一般是右手握筷子，左手拿勺，配合进行分菜。在筷子夹取菜肴时，勺要接挡下方，以防菜汁滴落在台面上。

## 二、中餐分菜前的准备工作

1．中餐分菜餐具准备

分炒菜前，应准备分菜所需相应数量的骨碟；分汤菜前，应准备分汤菜所需相应数量的汤碗。

2．中餐分菜工具准备

分炒菜应准备餐叉与餐勺，也可以使用筷子与长把汤勺；分汤菜时，应准备长把汤勺；分鱼、禽类菜肴时，要准备餐刀、餐叉、餐勺。

## 三、中餐分菜方式

1．转盘式分菜

1）提前将与客人人数相等的餐碟有秩序地摆放在转台上，核对菜名，双手将菜端至转盘上，示菜报菜名并对菜肴作简单介绍。

2）用长把勺、筷子或餐叉、餐勺分派。全部分完后，将分菜用具放在空菜盘里。

3）迅速撤身，取托盘，从主宾右侧开始，按顺时针方向绕台进行，先撤前一道菜的餐碟，再从转盘上取菜端给客人。

4）完成后，将空菜盘和分菜用具一同撤下。此法也可以由二人配合完成，一人负责分菜，另一人负责将分好的菜肴递送给客人。

### 2．旁桌式分菜

1）准备好干净的餐盘和分菜用具并放置于客人餐桌旁的服务桌上或服务车上。

2）核对菜名，双手将菜端至转盘上，示菜报菜名并对菜肴作简单介绍。

3）将菜肴取下放在服务桌或服务车上分菜。

4）菜分好后，从主宾右侧开始，按顺时针方向将餐盘送上。

### 3．餐桌分菜

1）核对菜名，双手将菜端至转盘上，示菜报菜名并对菜肴作简单介绍。

2）将菜取下，左手用餐巾托垫菜盘，右手拿餐叉、餐勺。

3）站在客人的右侧，右腿在前，上身微前倾，从主宾左侧开始，按顺时针方向绕台进行分让。

4）分菜时做到一勺准，数量均匀，绝不可将一勺菜同时分给两位客人，更不可当着客人的面从分到多的盘碗中匀给分得少的盘碗中，同时还要注意菜的色彩、荤素的搭配均匀，并注意菜肴的优质部位应分给主宾和主人。

> **想一想**
>
> 若站在客人的右侧应怎样操作？

5）分每道菜时，可以一次分完，也可以略余下 1/10～1/5 的菜肴（可换放于一小碟中），以示菜肴的宽裕及方便想再添用的客人。

### 4．各客式分菜

此法适用于汤类、羹类、炖品或高档宴会分菜。厨房工作人员根据客人人数在厨房将汤、羹、冷菜或热菜等分成一人一份，如图 5-10 所示。服务员从主宾开始，按顺时针方向从客人右侧送上。

图　5-10

## 四、几类菜肴的分法及要领

### 1．汤类菜肴

一般用长把汤勺和筷子配合使用，注意汤和菜的数量搭配要均匀，一般要求至汤碗的八成。

### 2．炒菜类菜肴

一般用餐叉、餐勺搭配或用筷子和餐勺搭配使用。

3．造型菜肴

如冬瓜盅，各菜系均有不同的做法。用冬瓜雕盅作为菜肴的盛装“器皿”时，冬瓜盅一般不食用，因此在分菜时，只将冬瓜盅内的菜肴分光即可。将冬瓜盅入菜的菜肴，应先将冬瓜盅内的菜肴分光，然后按就餐人数用餐刀将冬瓜盅分切成所需份数分给客人。

4．拔丝类菜肴

在分这类菜肴时应配冷开水，先按客人人数将餐碟排放转盘上，用筷子夹上菜肴迅速在冷开水中浸一下，放入客人的盘碟中。动作要利索、敏捷，把菜夹起拉丝，泡过凉开水后迅速分到餐碟里。

5．分鱼

各地分鱼方法不尽相同，通常要经过切→拨→剔→切→分几个步骤。一般可用左手握餐叉将鱼头固定，右手用餐刀从鱼中骨由头顺切至鱼尾，然后将切开的鱼肉分向两侧脱离鱼骨，待鱼骨露出后，将餐刀横于鱼骨与鱼肉之间，刀刃向鱼头，由鱼尾向鱼头处将鱼骨与鱼肉切开，当骨、肉分离后，用刀、叉轻轻将鱼骨托起放于鱼盘靠桌心一侧的盘边处，再将上片鱼肉与下片鱼肉吻合，使之仍呈一整鱼状（无头尾），同时餐叉与餐刀配合，将鱼肉切成 10 等份（按 10 人标准），并用餐叉、餐勺将鱼肉分别盛于餐碟中送与客人。分干烧鱼、油浸鱼与分清蒸鱼步骤相同。

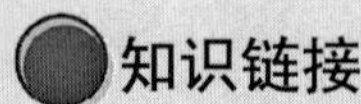


以下情况需提供分菜服务：

1）高级宴会要提供分菜服务。

2）客人要求时要提供分菜服务。

3）进餐场面比较拘谨时，服务员要主动提供分菜服务。

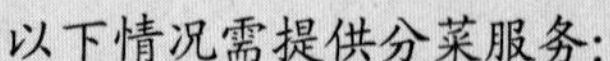

## 炒菜类分菜训练

### 一、训练准备

以榨菜丝替代炒菜类菜肴，选择合适的分菜工具，用转盘式分菜、旁桌式分菜、餐桌分菜的方法依次进行分菜训练。

1．物品准备（以 10 人标准宴会台所需物品为例）：直径 180cm 圆形餐桌 1 张，转台 1 个，餐椅 10 把，花台（瓶）1 个，220cm×220cm 台布 1 块，骨碟 10 个，12 寸菜盘一个，餐勺、餐叉、餐刀各一把，汤勺一把，筷子一双，榨菜丝若干，托盘两个。

2．场地准备：应是能容纳 30～40 人进行技能训练的酒店餐厅或学校实训室。

3．将学生分成 4 个小组，每组 10 人，其中 1 人进行分菜练习，1 人协助，另外 8 人参照技能考评标准进行评议和纠错，以此 10 人轮流练习。

## 二、训练步骤

1．教师示范分菜工具使用和分菜操作技能，并讲解要领。

2．学生以小组为单位进行模仿学习和训练。

3．小组中 1 人进行分菜练习，1 人协助，另外 8 人参照技能考评标准进行评议和纠错，以此 10 人轮流练习。

4．教师根据学生学习训练的情况进行巡回检查和指导。

5．为提高学生的训练兴趣，可以开展以小组为单位的分段程序和全程序操作竞赛。

6．学生熟练掌握了一种分菜方法后，再学习训练第二种分菜方法，以此逐步掌握三种分菜方法。

## 三、训练内容

**1．上菜**

按上菜的训练要求进行。

**2．分菜**

1）分菜工具的使用训练。能正确使用餐叉和餐勺、长把汤勺和筷子等用具，要求达到动作正确，操作熟练。

2）分菜方法训练。菜肴不同，分菜所采用的方法也不同。要求对转盘式分菜、旁桌式分菜、餐桌分菜三种分菜方法都能掌握，并要求姿势优美，动作熟练，操作规范，正确迅速。

3）分菜数量的把握训练。每份菜的数量要均等，做到一勺准，进行略有剩余（1/10）的训练和全部分完的训练。

**3．分菜时间的把握**

一道菜的分菜时间一般在 3min 左右。

**4．礼貌服务用语**

礼貌服务用语要求运用恰当自然。

## 四、训练注意事项

1．分菜时动作要干净利落，不可拖带菜汁，或将菜汁滴落在桌面上或溅洒在客人的衣物上。

2．分菜服务（刀叉分菜）时，不可发出太大声响或刺耳声响。同时要保持餐盘内外的整洁、美观。

3．分菜服务时要注意卫生，餐具、用具要干净无污染。

4．分送菜肴时，不可从客人肩上、头上越过。

## 学习评价

中餐炒菜类分菜训练评价表，见表 5-2。

表 5-2

| 被考评人 | | | | | | |
|---|---|---|---|---|---|---|
| 考评地点 | | | | | | |
| 考评内容 | 中餐炒菜类分菜训练 | | | | | |
| 考评标准 | 内　　容 | 分值/分 | 自我评价/分 | 小组评议/分 | 实际得分/分 | 备　　注 |
| | 上菜 | 10 | | | | |
| | 分菜工具的使用 | 10 | | | | |
| | 转盘式分菜 | 40 | | | | 任选一种 |
| | 旁桌式分菜 | | | | | |
| | 餐桌分菜 | | | | | |
| | 分菜数量的把握（1/10） | 20 | | | | 任选一种 |
| | 分菜数量的把握（全分完） | | | | | |
| | 分菜时间的把握 | 10 | | | | |
| | 礼貌用语 | 10 | | | | |
| 合　计 | | 100 | | | | |

注：1．实际得分=自我评价 40%+小组评议 60%。

2．考评满分为 100 分，60～74 分为及格；75～84 分为良好；85 分以上为优秀（包括 85 分）。

## 汤菜类分菜训练

### 一、训练准备

以萝卜丁加水替代汤类菜肴，选择合适的分菜工具，用转盘式分菜、旁桌式分菜的方法依次进行分菜训练。

1．物品准备（以 10 人标准宴会台所需物品为例）：直径 180cm 圆形餐桌 1 张，转台 1 个，餐椅 10 把，花台（瓶）1 个，220cm×220cm 台布 1 块，汤碗 10 个，12 寸汤盘一个，餐勺、餐叉、餐刀各一把，汤勺一把，筷子一双，萝卜丁若干，托盘 2 个。

2．场地准备：应是能容纳 30～40 人进行技能训练的酒店餐厅或学校实训室。

3．将学生分成 4 个小组，每组 10 人，其中 1 人进行分菜练习，1 人协助，另外 8 人参照技能考评标准进行评议和纠错，以此 10 人轮流练习。

### 二、训练步骤

1．教师示范分菜工具使用和分菜操作技能，并讲解要领。

2．学生以小组为单位进行模仿学习和训练。

3．小组中 1 人进行分菜练习，1 人协助，另外 8 人参照技能考评标准进行评议和纠错，以此 10 人轮流练习。

4．教师根据学生学习训练的情况进行巡回检查和指导。

5．为提高学生的训练兴趣，可以开展以小组为单位的分段程序和全程序操作竞赛。

6．学生熟练掌握了一种分菜方法后，再学习训练第二种分菜方法。

## 三、训练内容

**1．上菜**

按上菜的训练要求进行。

**2．分菜**

1）分菜工具的使用训练。能正确使用餐叉和餐勺、长把汤勺和筷子等用具，要求达到动作正确，操作熟练。

2）分菜方法训练。菜肴不同，分菜所采用的方法也不同。要求对转盘式分菜、旁桌式分菜两种分菜方法都能掌握，并要求姿势优美，动作熟练，操作规范，正确迅速。

3）分菜数量的把握。训练每份菜的数量要均等，做到一勺准。进行略有剩余（1/10）的训练和全部分完的训练。

**3．分菜时间的把握**

一道菜的分菜时间一般在 3min 左右。

**4．礼貌服务用语**

礼貌服务用语要求运用恰当自然。

## 四、训练注意事项

1. 分菜时动作要干净利落，不可拖带菜汁，或将菜汁滴落在桌面上或溅洒在客人的衣物上。
2. 分菜服务时，要保持餐盘内外的整洁、美观。
3. 分菜服务时要注意卫生，餐具、用具要干净、无污染。
4. 分送菜肴时，不可从客人肩上、头上越过。

## 学习评价

中餐汤菜类分菜训练评价表，见表 5-3。

**表　5-3**

| 被考评人 | | | | | | |
|---|---|---|---|---|---|---|
| 考评地点 | | | | | | |
| 考评内容 | 中餐汤菜类分菜训练 | | | | | |
| 考评标准 | 内　　容 | 分值/分 | 自我评价/分 | 小组评议/分 | 实际得分/分 | 备　　注 |
| | 上菜 | 10 | | | | |
| | 分菜工具的使用 | 10 | | | | |
| | 转盘式分菜 | 40 | | | | 任选一种 |
| | 旁桌式分菜 | | | | | |
| | 分菜数量的把握（1/10） | 20 | | | | 任选一种 |
| | 分菜数量的把握（全分完） | | | | | |
| | 分菜时间的把握 | 10 | | | | |
| | 礼貌用语 | 10 | | | | |
| 合　计 | | 100 | | | | |

注：1．实际得分=自我评价 40%+小组评议 60%。

2．考评满分为 100 分，60～74 分为及格；75～84 分为良好；85 分以上为优秀（包括 85 分）。

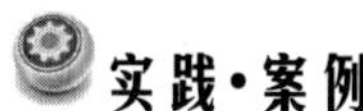

## 实践·案例

**席间上菜**

某酒店，几位客人在就餐，餐厅服务员正在为客人服务。宴请快结束时，服务员为客人上汤。恰巧张先生突然一回身，将汤碰洒，并把西服弄脏了。他非常生气，质问服务员怎么把汤往客人身上洒。服务员没有争辩，连声道歉：“实在对不起，先生，是我不小心把汤洒在您身上，把您的西服弄脏了，请您脱下来，我去给您干洗。另外，我再重新给您换一份汤，耽误各位先生用餐了。请原谅。”随后，服务员将西服送洗衣房干洗，而后对几位先生的服务十分周到。当客人用餐完毕后，服务员将洗得干干净净、叠得整整齐齐的衣服双手捧给了张先生。客人们十分满意，张先生也诚恳道歉：“是我不小心碰洒了汤，你的服务非常好。”事后，客人主动付了两份汤钱，张先生还给了服务员小费，而且不久又带着一批客人来酒店就餐。

**评析：**

本案例中，虽然是客人碰洒了汤，但服务员应先从自身找原因。服务员如果在上汤前提醒客人，就不会发生这种事情了。尽量不要与客人争辩，如果客人讲理，就不会无理取闹，如果客人不讲理，服务员与客人争辩只能是火上浇油，服务员在处理这种问题时应讲究策略，给客人台阶下。

**思考与启示：**

发生这种事情后，处理方法是：

（1）服务员首先向客人道歉，主动承担责任。

（2）如果客人衣服弄脏的程度较轻，应用干净的餐巾擦拭衣服，但要注意征得客人同意。同性客人，服务员可为客人擦拭；异性客人，服务员应将餐巾交给客人自己擦拭。

（3）如果客人衣服弄脏程度较严重或者客人对此事反应态度激烈，服务员应主动提出免费为客人洗涤，洗好及时送还，并要再次致歉。

（4）根据事态发展，服务员应请示主管适当免费提供一些食品和饮料补偿。

## 测试题

**一、填空题**

1．中餐上菜一般以____________为原则。

2．中餐上菜小桌客人所点菜肴道数_____，一般在_______内上完，大桌客人所点菜肴道数_____，一般在_______内上完。

3．上菜顺序应根据地方习惯安排，但一般为_______→______→______→____→_____。

4．每次上菜时都应提醒客人：“________________。”

5．分菜工具一般有_______、_______、_______、________和_______等。

**二、判断题**

1．上菜时应大声报菜名，让客人听清。 （ ）

2．上菜位置必须选择在副主人右侧。（　）
3．上菜时台面没有空位时，菜盘允许叠放。（　）
4．给客人分菜时应全部分完。（　）
5．分让菜肴时应做到一勺准，做到数量均匀。（　）

## 三、选择题

1．中餐零点餐，上热菜应在冷菜食用到（　）时。
A．1/3　B．2/3　C．1/2　D．1/2～1/3

2．中餐上菜严禁在（　）上菜。
A．翻译陪同之间　B．主人主宾之间
C．副主人右侧　D．来宾之间

3．分让块状类菜肴时，分菜叉、勺的握法正确的是（　）。
A．勺在上，凹面向下，叉在下，凹面向上
B．勺在上，凹面向下，叉在下，凹面向下
C．勺在下，凹面向上，叉在上，凹面向下
D．勺在下，凹面向上，叉在上，凹面向上

4．分菜方法中，只可顺时针进行，不可逆时针进行的是（　）。
A．转盘式分菜　B．旁桌式分菜
C．分叉分勺分菜　D．各客式分菜

5．适用于汤类、羹类、炖品及高档宴会分菜的是（　）。
A．旁桌式分菜　B．分叉分勺分菜
C．转盘式分菜　D．各客式分菜

# 附　　录

## 附录 A　餐巾盘花图谱 14 种

示例一：祝寿蜡烛（见图 A1）

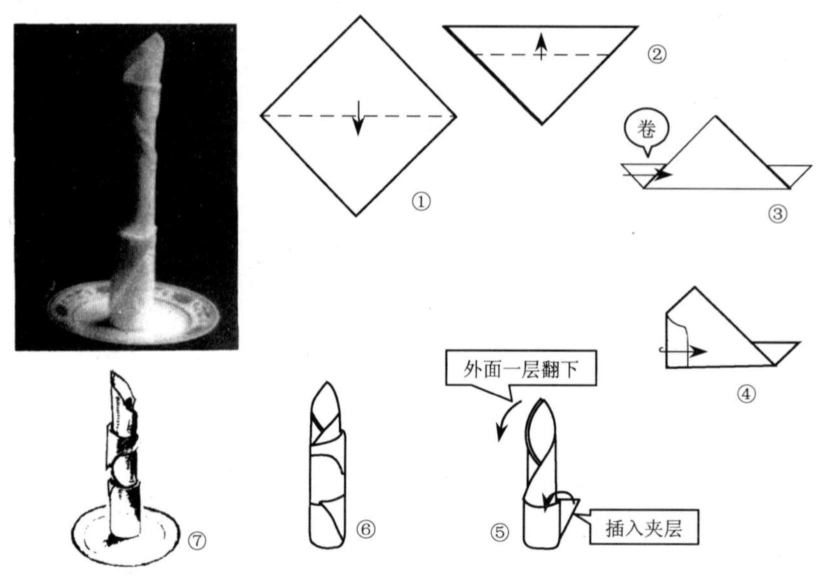


图　A1

示例二：餐具插架（见图 A2）

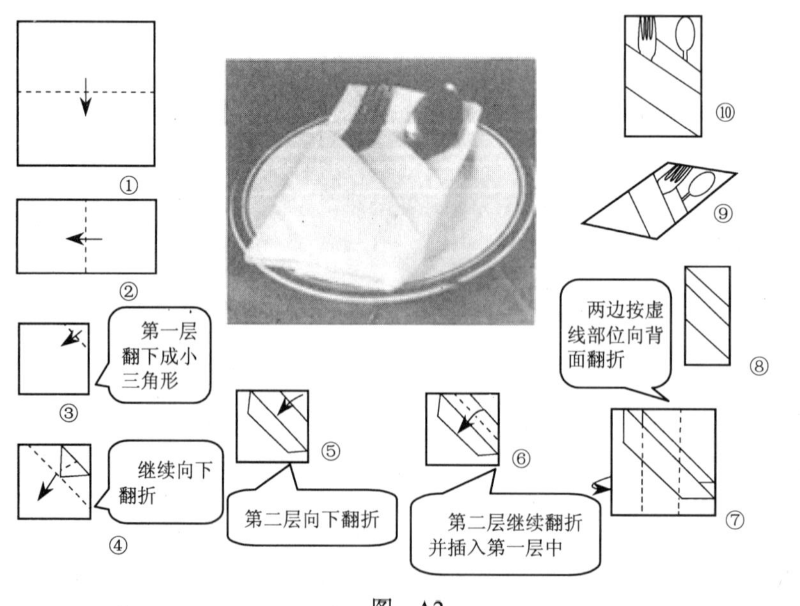


图　A2

示例三：东海鱿鱼（见图 A3）

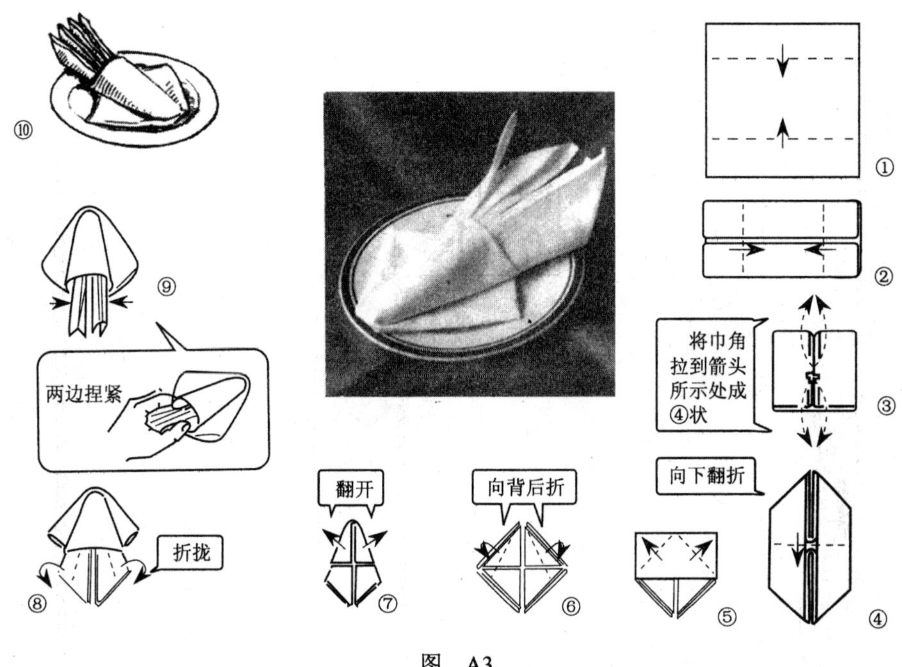


图 A3

示例四：翻领衬衫（见图 A4）

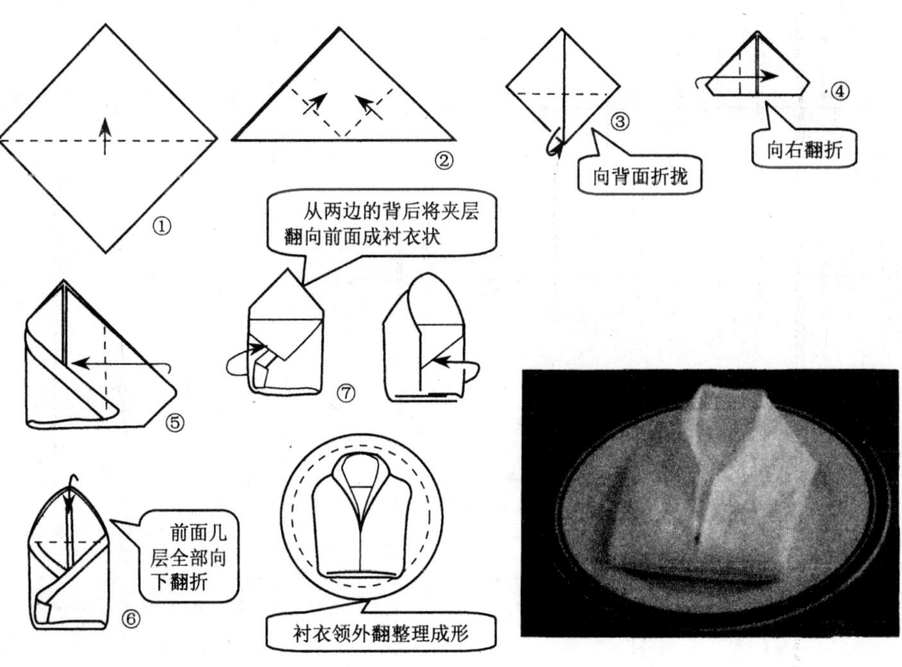


图 A4

示例五：公主桂冠（见图 A5）

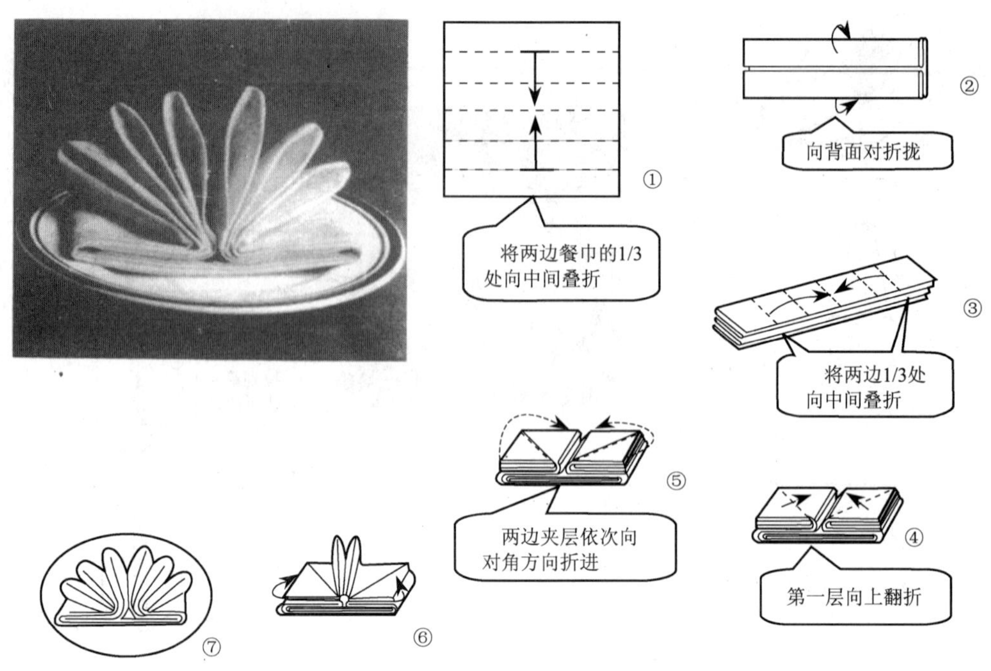


图 A5

示例六：鸿雁传书（见图 A6）

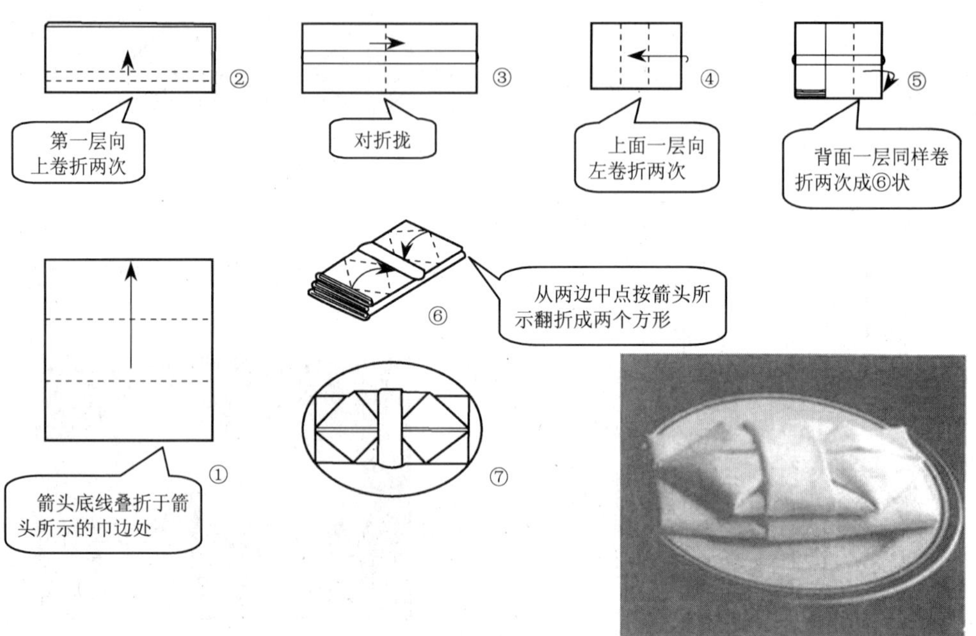


图 A6

示例七：企鹅迎宾（见图 A7）

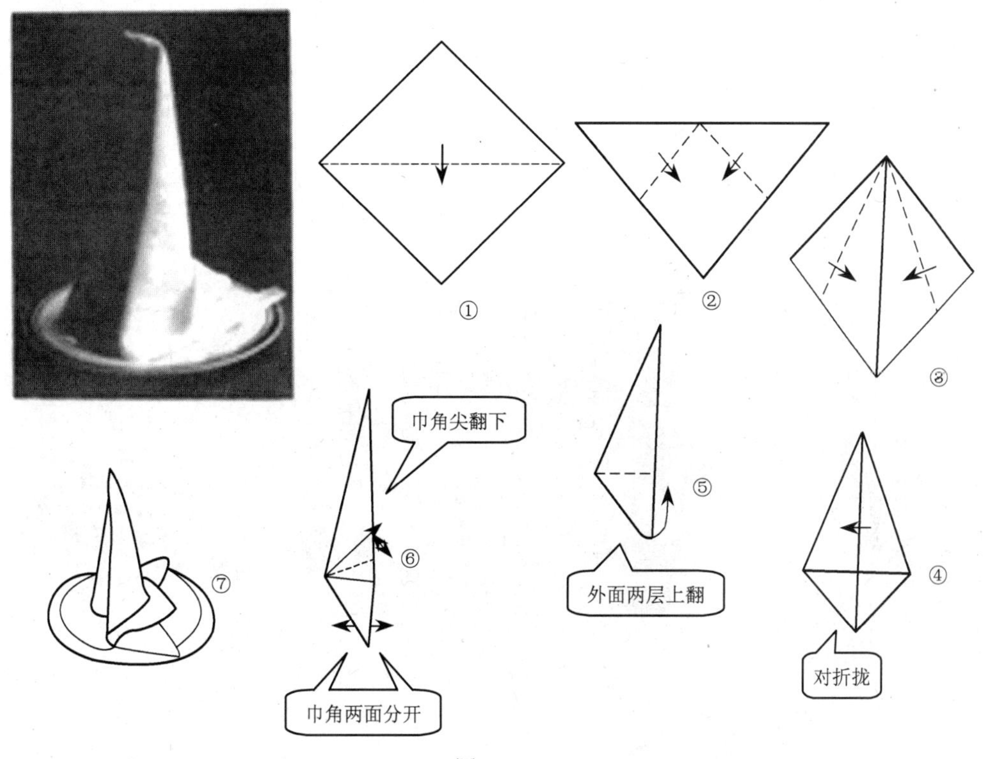


图 A7

示例八：热带幼鱼（见图 A8）

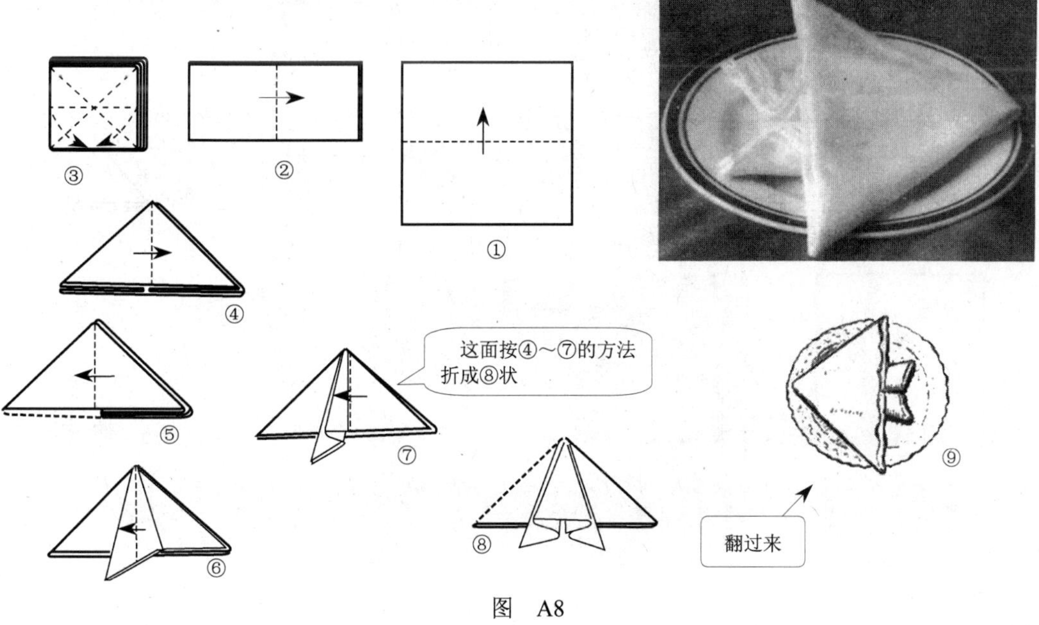


图 A8

示例九：事事如意（见图 A9）

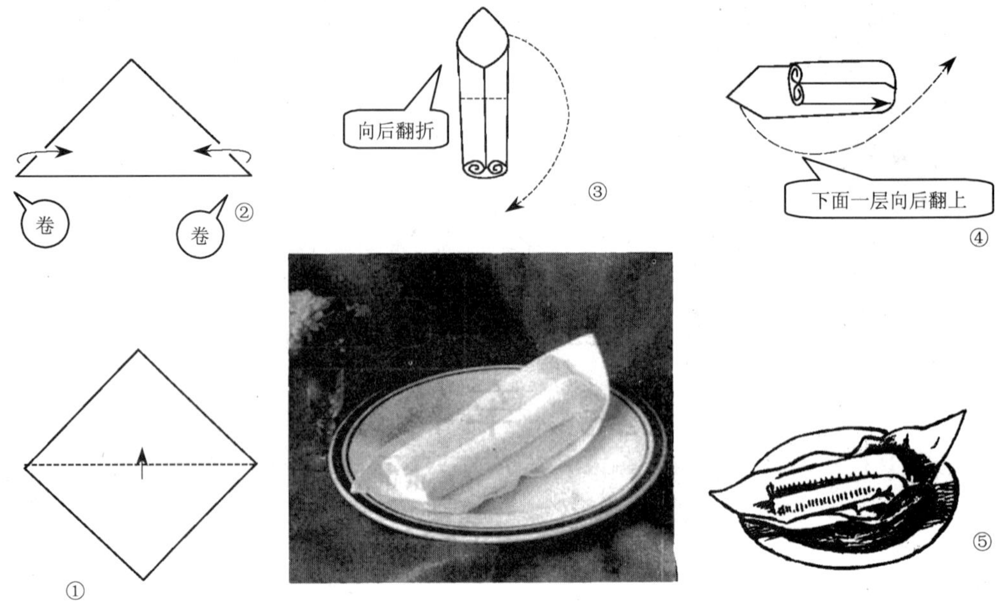


图　A9

示例十：双管齐下（见图 A10）

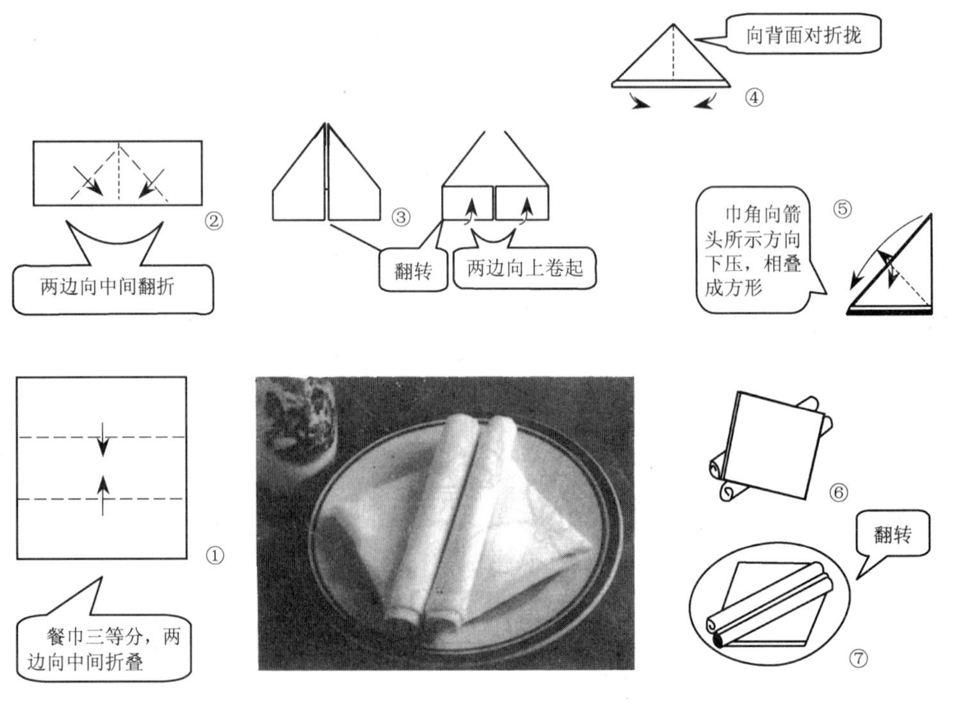


图　A10

示例十一：水仙盆景（见图 A11）

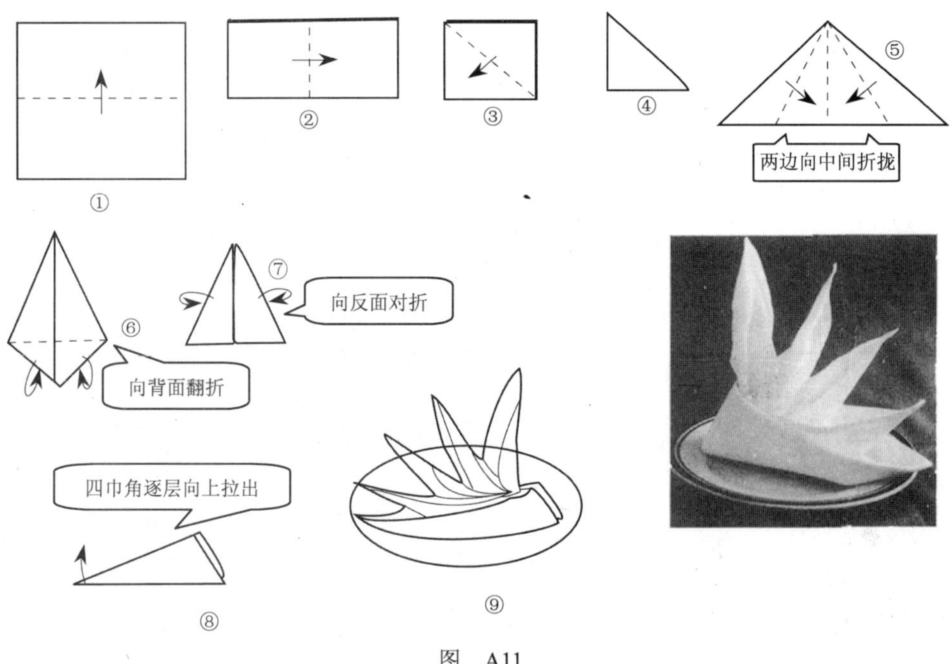


图 A11

示例十二：王公冠冕（见图 A12）

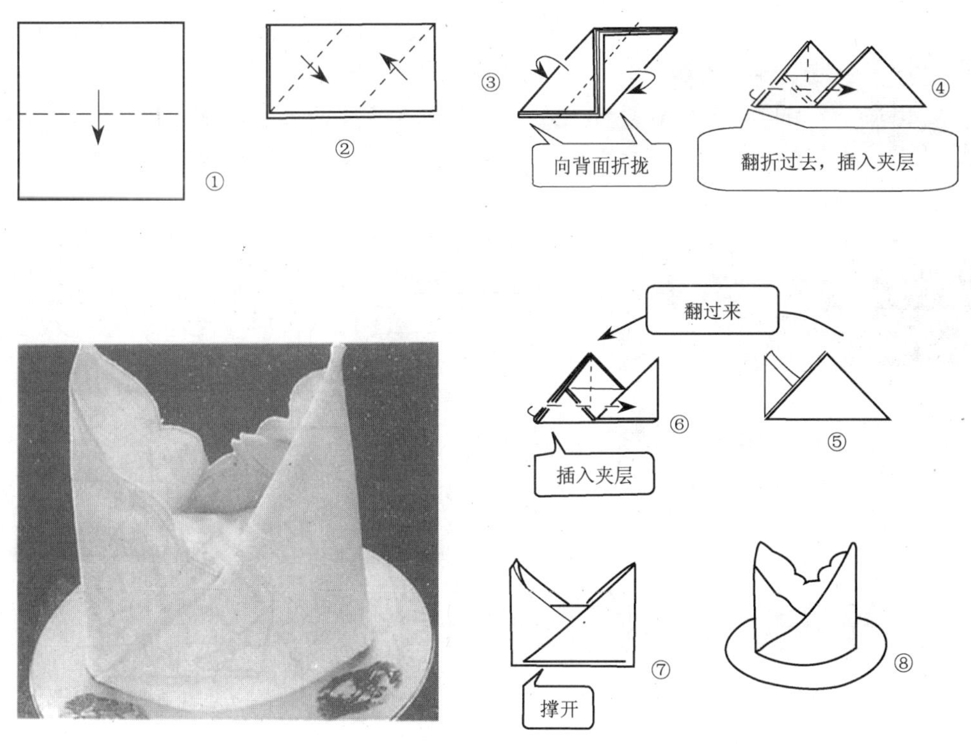


图 A12

示例十三：细语呢喃（见图 A13）

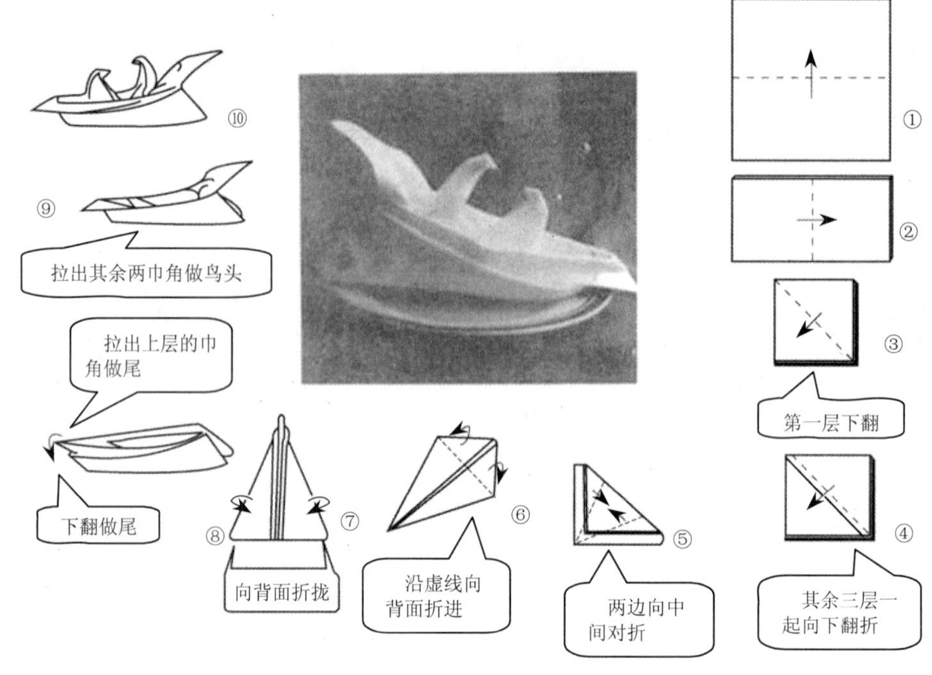


图 A13

示例十四：星形扇面（见图 A14）

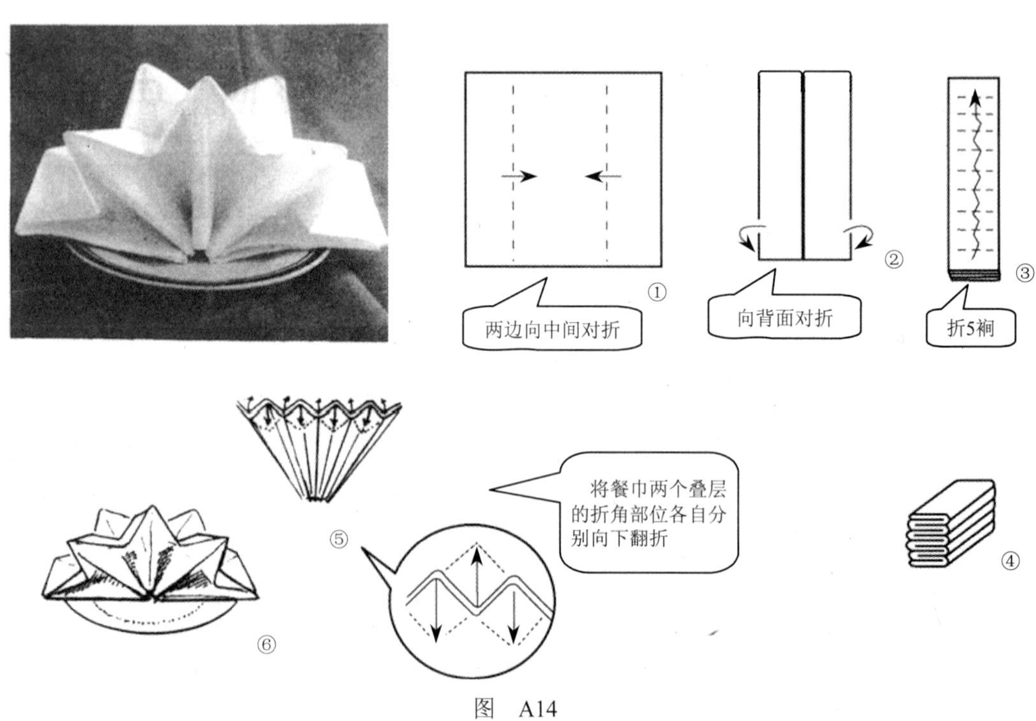


图 A14

# 附录B 餐巾杯花图谱20种

示例一：四尾金鱼（见图B1）

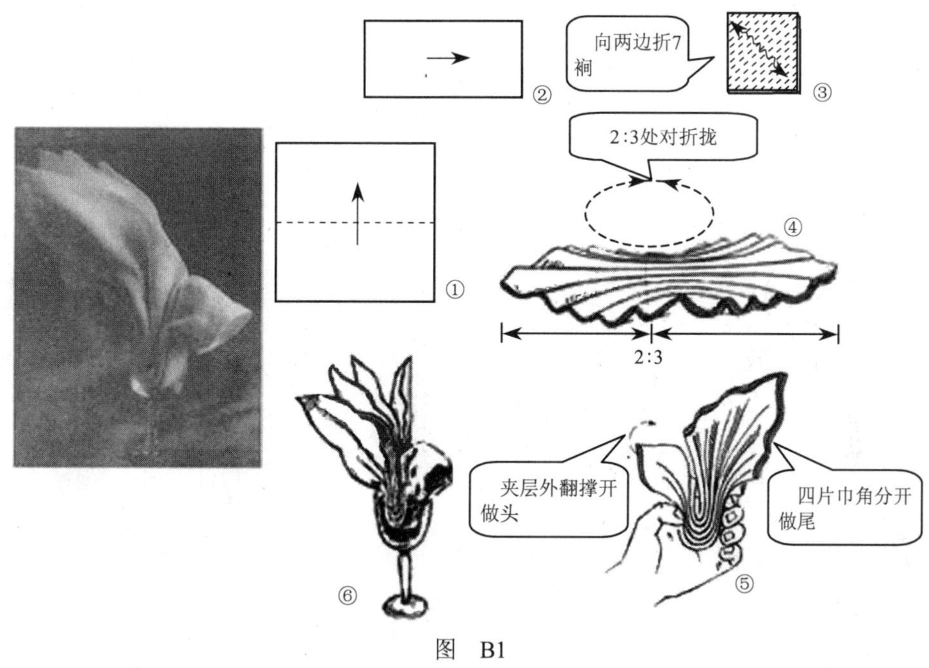


图 B1

示例二：彩凤翼美（见图B2）

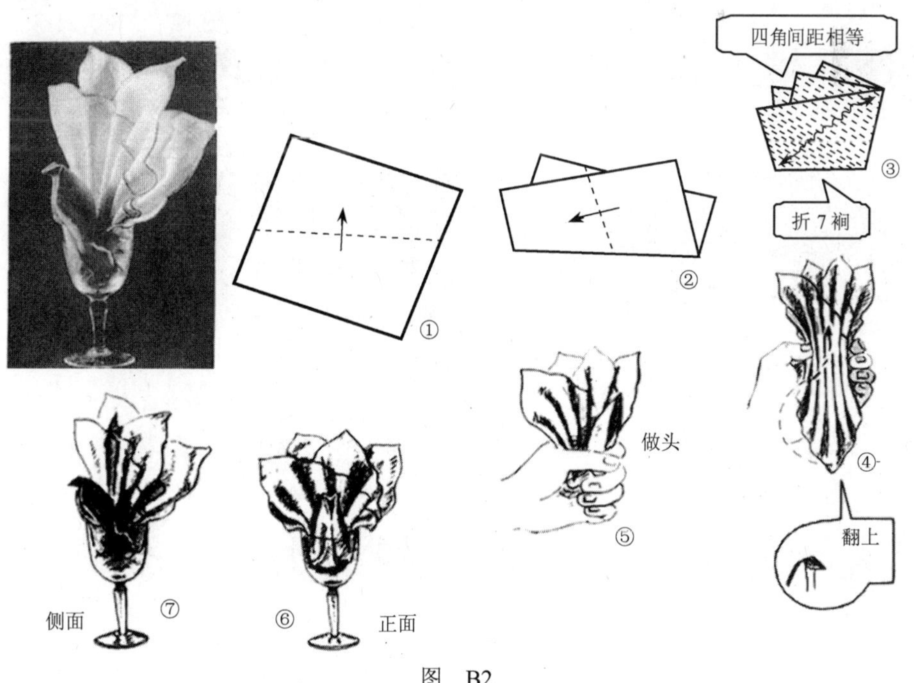


图 B2

示例三：长尾欢鸟（见图 B3）

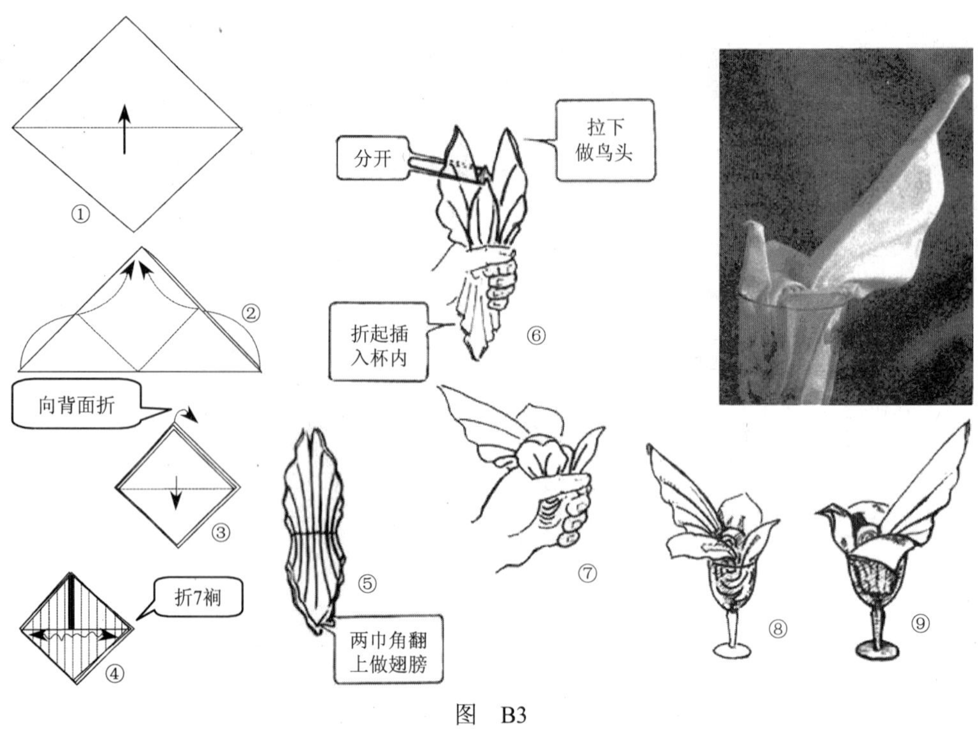


图 B3

示例四：春鸟相思（见图 B4）

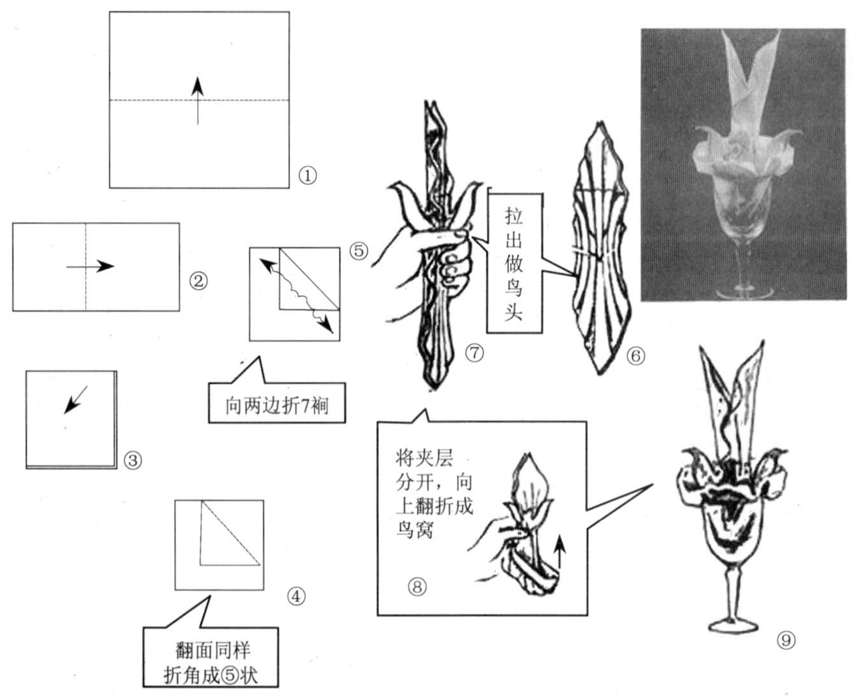


图 B4

示例五：孔雀开屏（见图 B5）

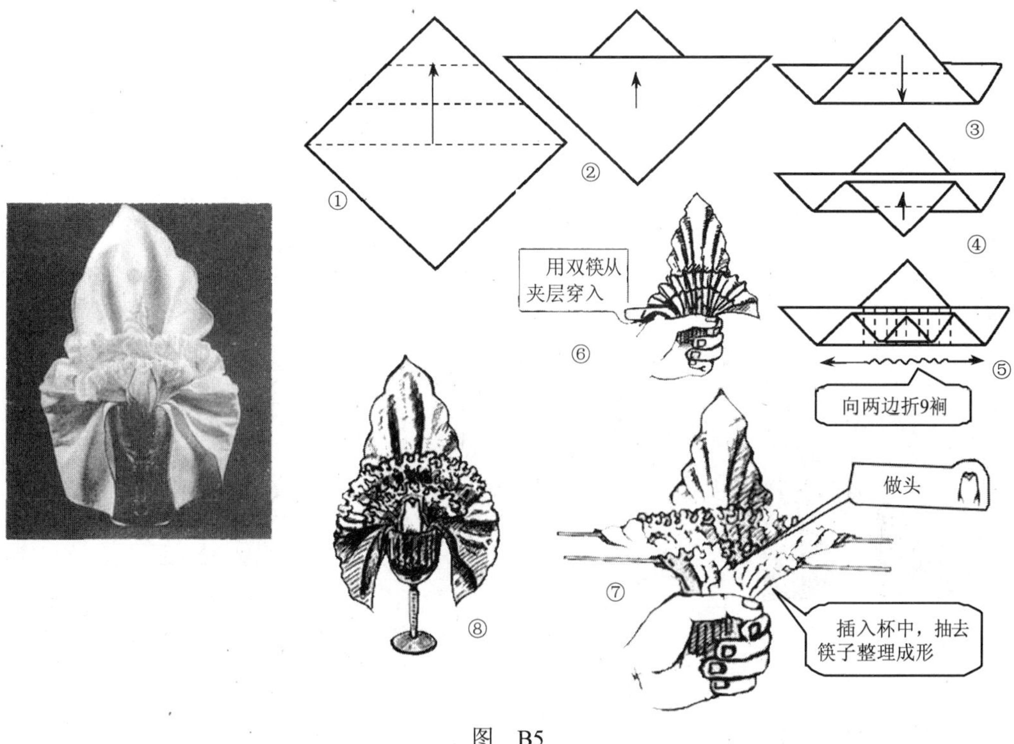


图　B5

示例六：鸟语花香（见图 B6）

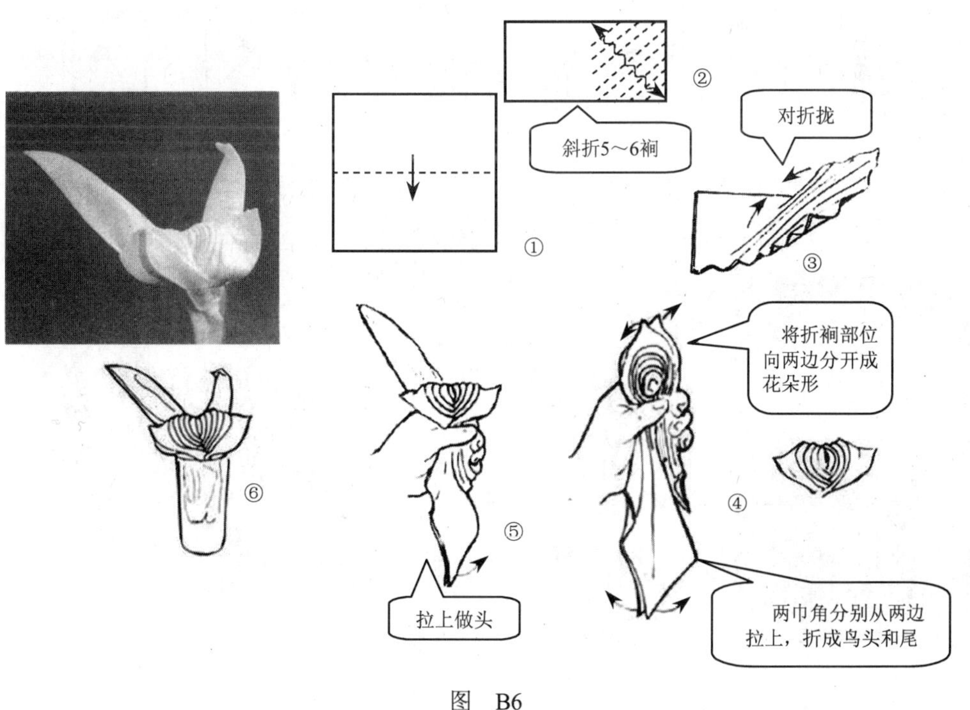


图　B6

示例七：翘尾扇鸟（见图 B7）

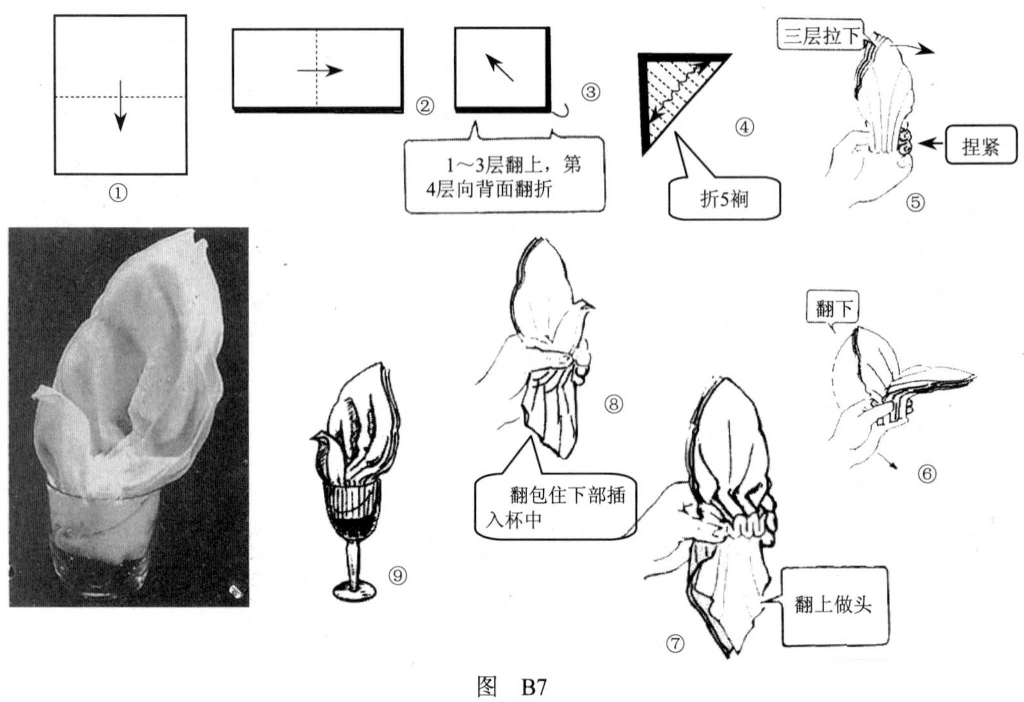


图 B7

示例八：圣诞火鸡（见图 B8）

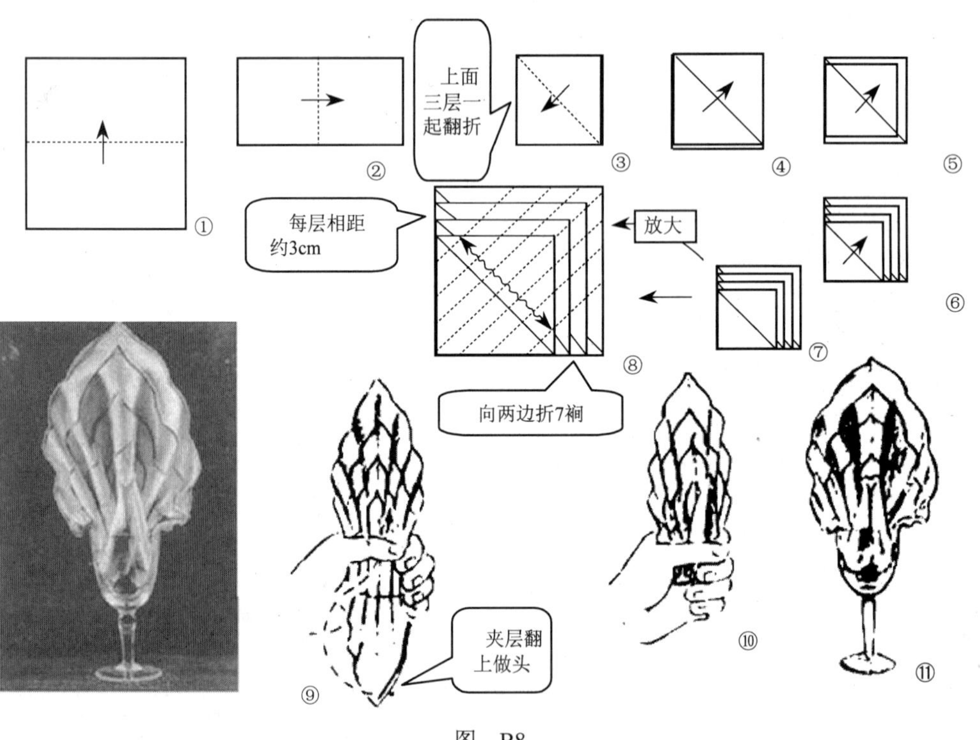


图 B8

示例九：双鸟归巢（见图 B9）

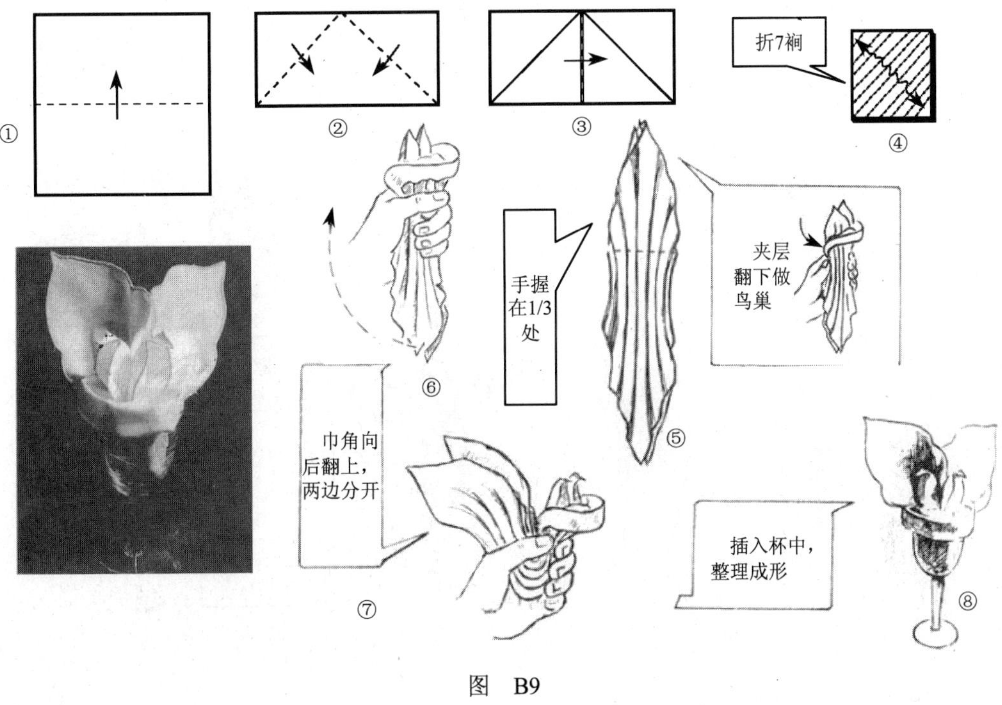


图 B9

示例十：双鸟栖枝（见图 B10）

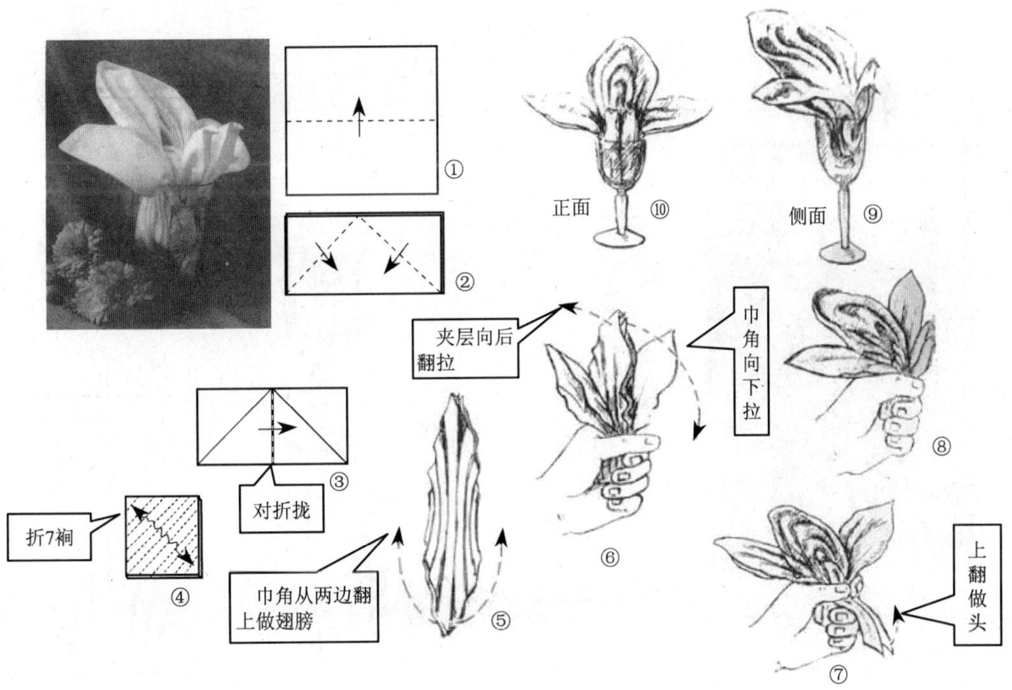


图 B10

示例十一：幽谷香兰（见图 B11）

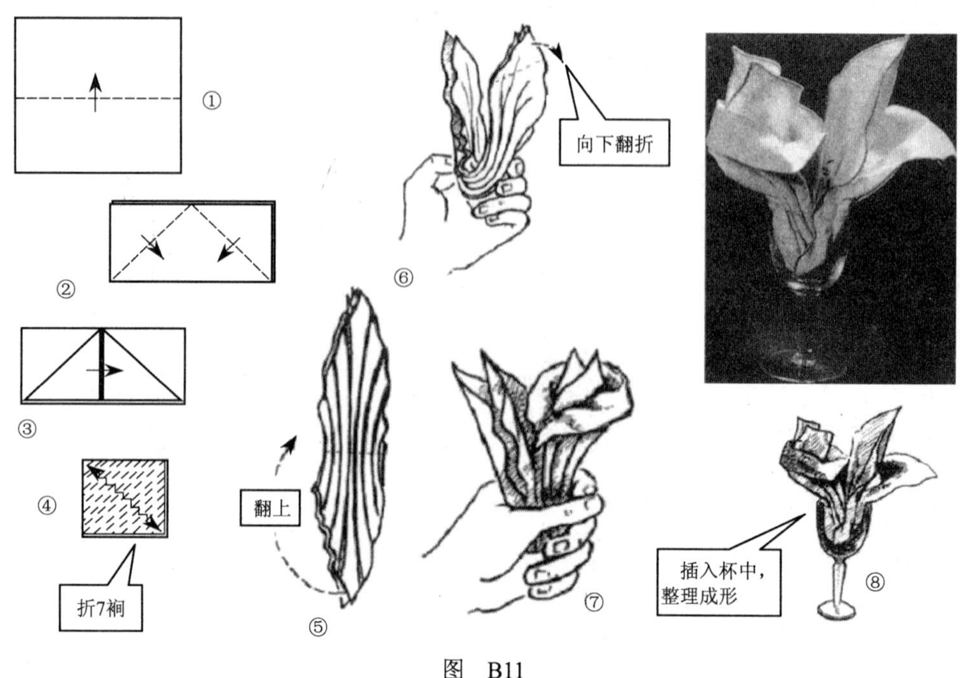


图 B11

示例十二：白兰花香（见图 B12）

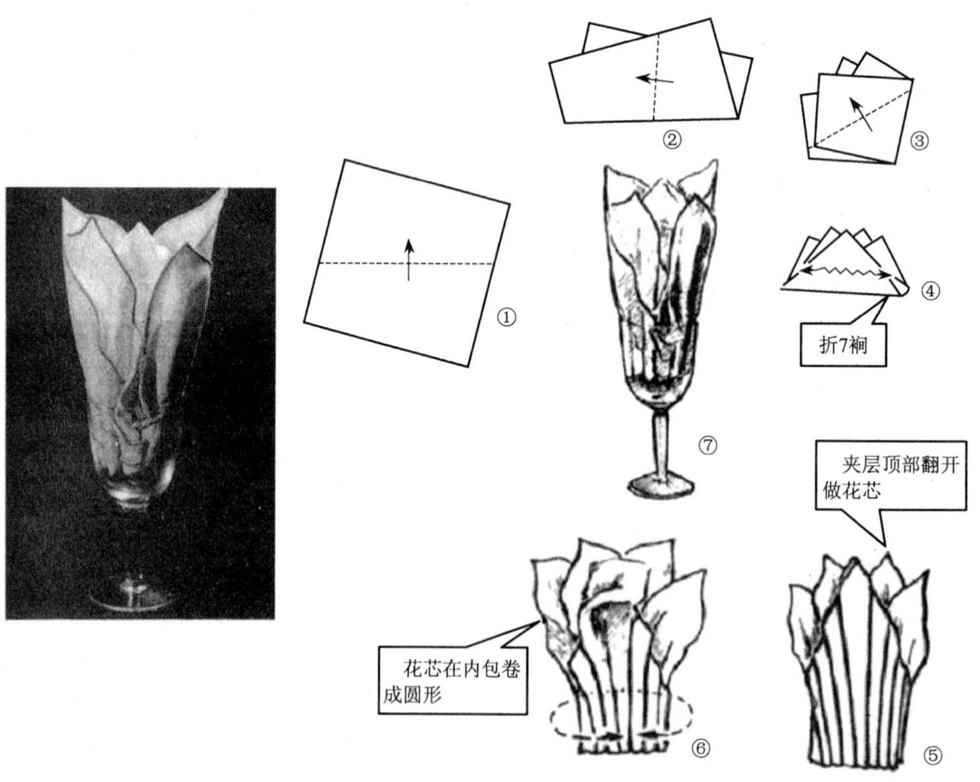


图 B12

示例十三：冰玉水仙（见图 B13）

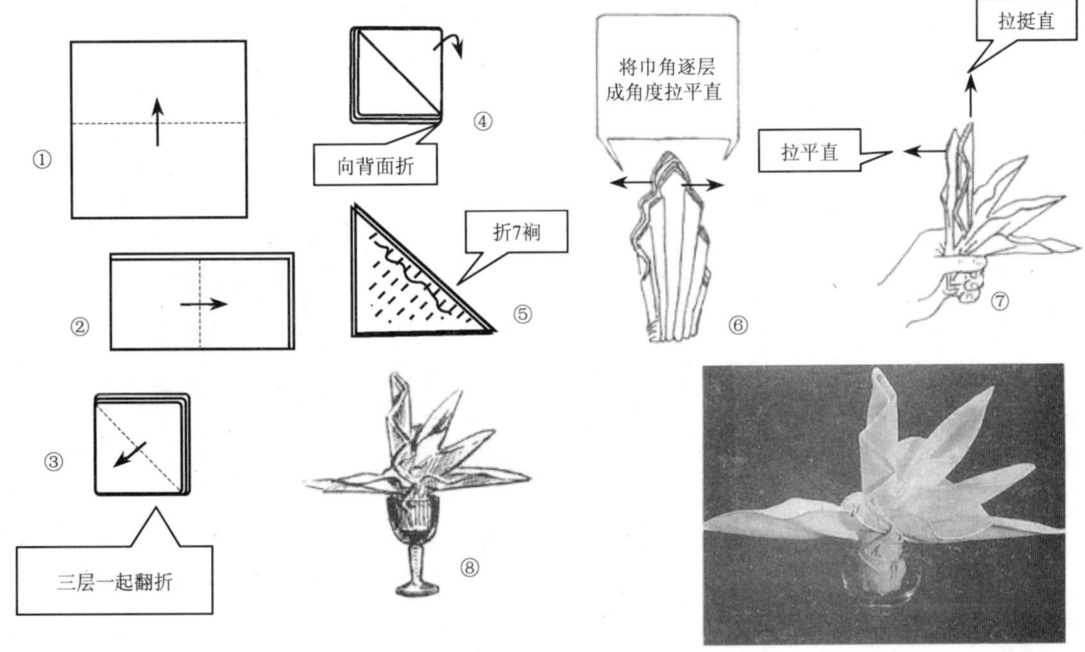


图 B13

示例十四：芬芳壁花（见图 B14）

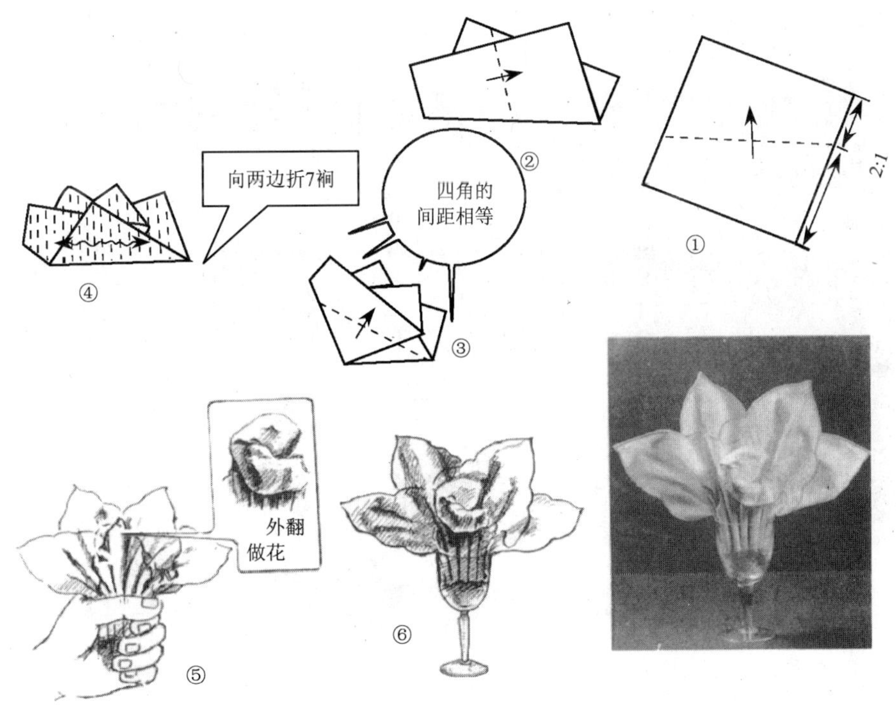


图 B14

示例十五：凤仙争艳（见图 B15）

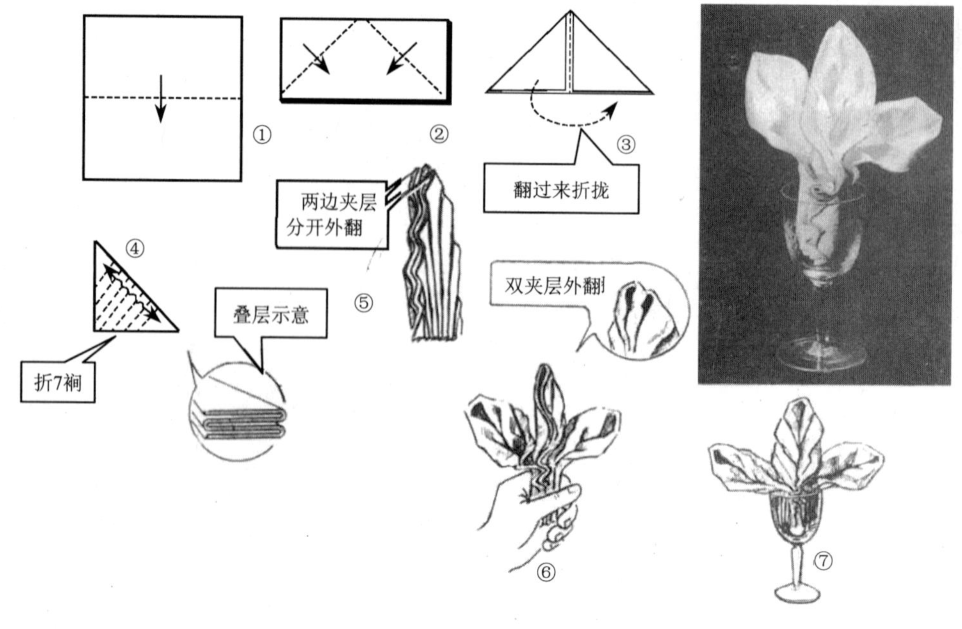


图 B15

示例十六：花相芍药（见图 B16）

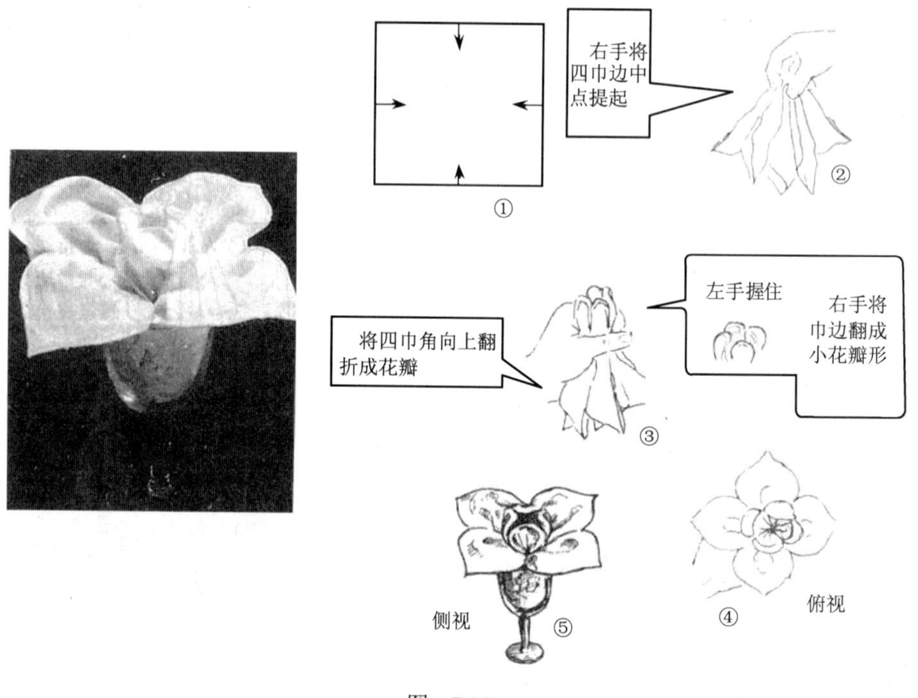


图 B16

示例十七：凌波仙子（见图 B17）

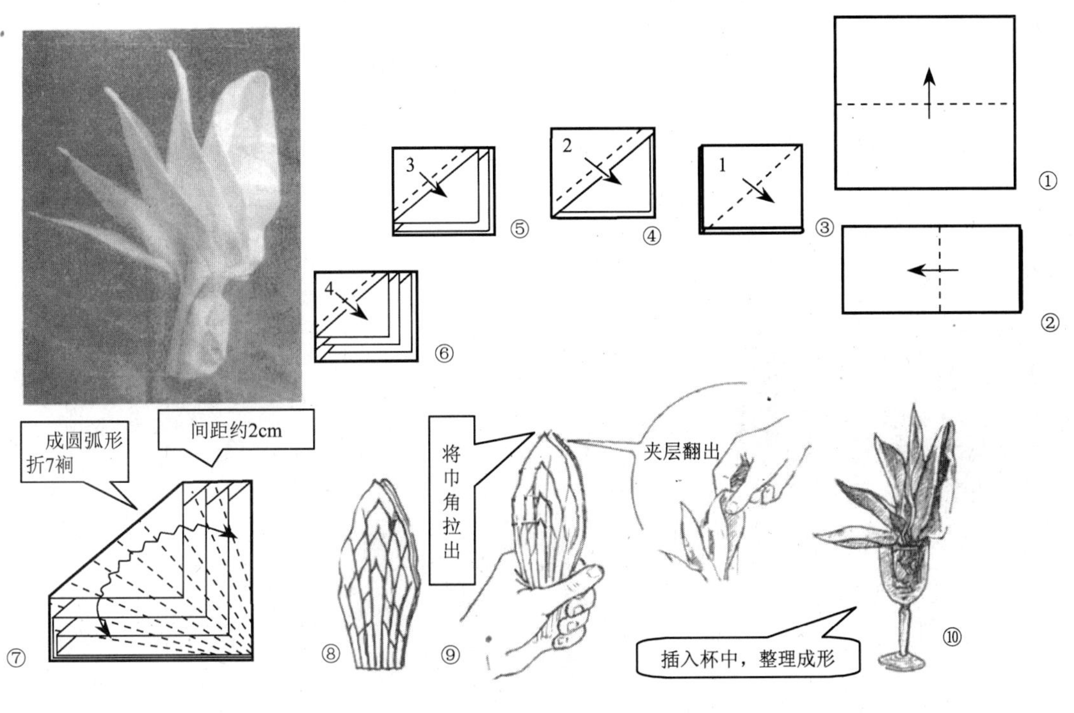


图 B17

示例十八：马蹄莲花（见图 B18）

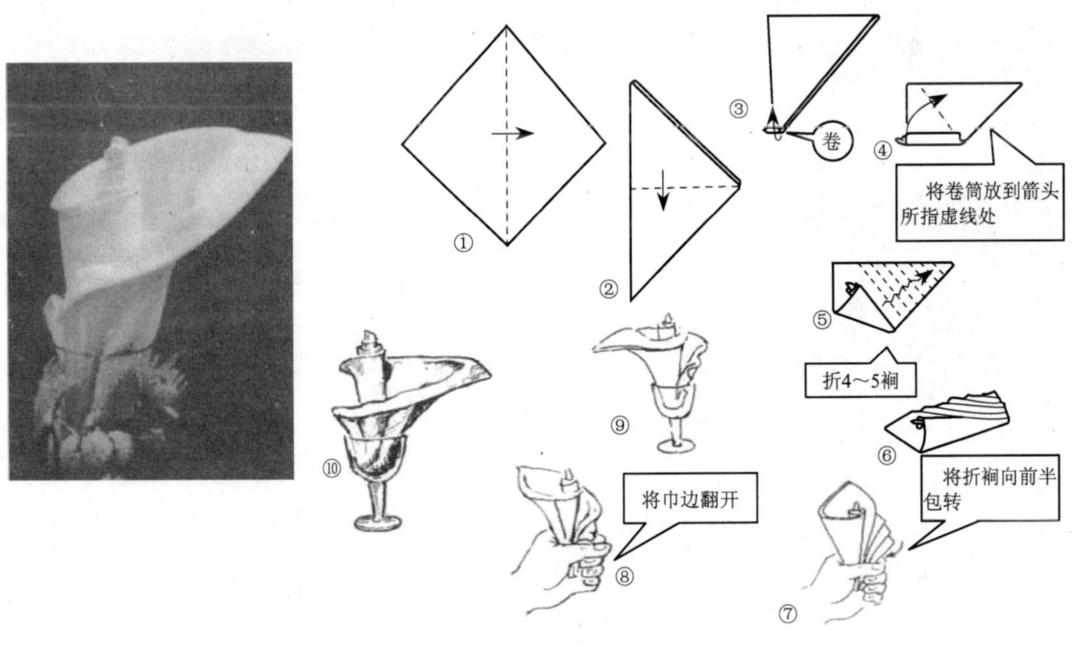


图 B18

示例十九：梅花报春（见图 B19）

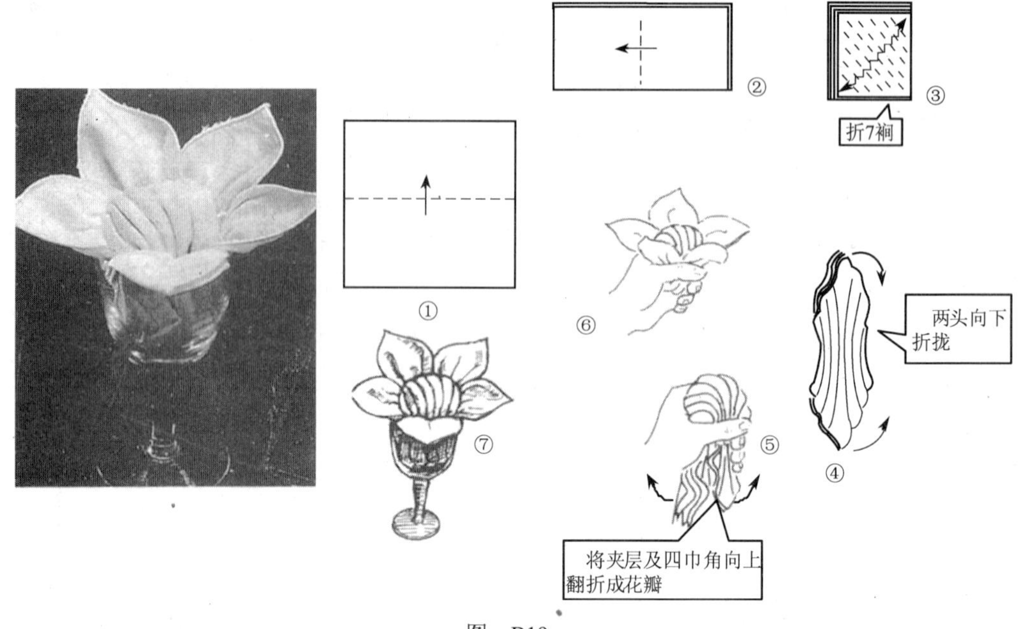


图 B19

示例二十：清香玉兰（见图 B20）

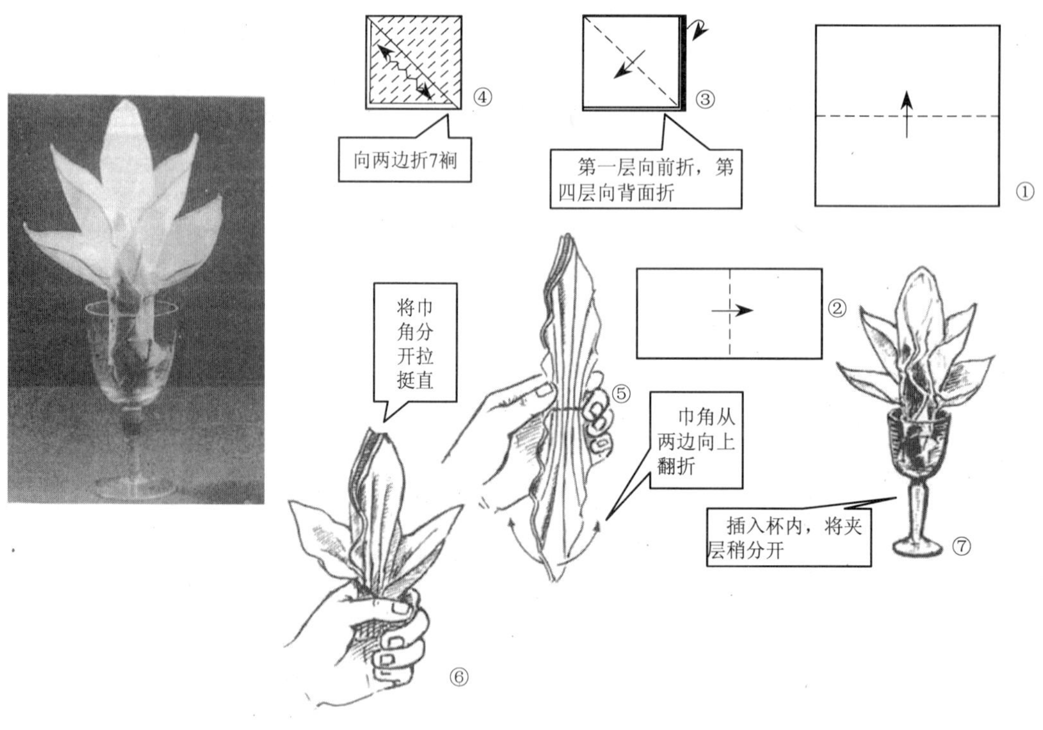


图 B20

# 参 考 文 献

[1] 中国就业培训技术指导中心．餐厅服务员（基础知识）[M]．北京：中国劳动社会保障出版社，2011．
[2] 李晓东．餐厅服务实训教程[M]．北京：旅游教育出版社，2009．
[3] 王德静．餐饮服务[M]．3 版．北京：中国劳动社会保障出版社，2007．
[4] 李灿佳．旅游心理学[M]．北京：高等教育出版社，2005．
[5] 国家旅游局人事劳动教育司．餐饮服务与管理[M]．北京：旅游教育出版社，2004．
[6] 贾安庭．现代饭店员工培训教程[M]．广州：广东旅游出版社，2001．
[7] 张建宏．餐厅服务 400 问[M]．北京：化学工业出版社，2008．
[8] 李焕．餐厅服务员职业技能标准培训[M]．北京：中国纺织出版社，2010．
[9] 何丽芳．酒店服务与管理案例分析[M]．广州：广东经济出版社，2005．